PURPOSE

パーパス

「意義化」する経済とその先

武蔵野美術大学クリエイティブイノベーション学科教授
ビジネスデザイナー

岩嵜 博論

Takramディレクター／ビジネスデザイナー

佐々木 康裕

JN116764

はじめに：Z世代が連れてくる未来

「正義」と「クール」を共存させる
オランダのストリートブランド

　オランダ・アムステルダムに「Patta」というストリートブランドがある。規模は決して大きくないものの、世界観は世界中で人気を博す「Supreme」にも通じるものがあり、各国の若者たちに支持されているブランドだ。

若者から支持を集めるストリートブランド、Patta

資料：Stephen Tayo for Patta x Nike

Tシャツやキャップなどのオリジナルアイテムやナイキとコラボレーションしたスニーカーなどを展開しており、ここまでは一般的なアパレルブランドと大差はない。

　しかし、Pattaのホームページを見ると、そうしたアパレル商品の紹介に混ざって人種差別問題についての対談記事が並んでいるのが目に付く。

PattaのWEBサイト。社会的な取り組みの紹介記事と、ファッションの紹介記事が並んでいる

資料：Patta提供

また、Pattaには専門のランニングチームがあり、頻繁にチャリティ活動を行っているほか、アーティストやクリエイターを特集するインタビューメディア『Get to Know』を発行している。約1年前には、人種差別や黒人コミュニティの歴史的抑圧をテーマにした本を議論する「ブラック・アーカイブス」と提携して「Patta's Book Club」をスタートさせた。青少年プログラム「Patta SummerSchool」も運営している。

　「若い世代に新たな視点を提供し、次世代へのロールモデルとなる」ために、あらゆる活動を行う集団だ。

　Pattaが提供するのは、ファッションの情報だけではない。むしろ気候変動や人種問題など、社会的なテーマがメインだ。それらはこれまで、ダボス会議や、上場企業が発行するCSR（Corporate Social Responsibility）のレポート上で語られてきた。しかし、Pattaの"トンマナ"は大企業のそれとはまったく異なる。ストリート風で、荒削りで、若々しくエネルギーに満ちている。また、そうした問題を放置・拡大してきた大人たちにNoをつきつけ、価値観の刷新を求めるものも多い。

　Pattaがおもしろいのは、若者から支持を受けるような新しいファッションの提案とそうした社会正義に資する取り組みの紹介が、同じページに文字どおり同居していることだ。

　Pattaの社会課題への発信は、大企業が作るような、ホームページの端っこに設けられた環境配慮に関するページや、年に1回発行される小冊子と異なり、Pattaのブランドやプロダクトと分かち難く結びついている。そして、それはPattaのエッジの立った世界観のカドを取ることなく、クールさを保ったまま調和している。このように、事業と社会課題を高度に結合させているブランドはPattaだけではない。それは、そうしたブランドを希求している消費者が増えていることの裏返しでもある。

多様であることがノーマル

　これは前作の『D2C』（NewsPicks パブリッシング刊）でも触れたが、アメリカ、中国、ヨーロッパなど世界中で、Z世代（1997～2012年に生まれた世代）やミレニアル世代（1980～1990年代後半に生まれた世代）は、ジェンダーや人種、気候変動など社会課題への関心が非常に高い。大学進学率も上がり、SNSなどの普及により世界の多様な意見に触れていることも、その理由の1つだろう。

　ここ10年でいよいよX世代（1965～80年に生まれた世代）の存在感が後退し、ミレニアル世代的な新しい消費スタイルが主役になりつつある。また、そのあとに続くZ世代も存在感を増してきた。リーマンショック、不安定な政治状況、新型コロナウイルスによるパンデミックなどの社会的なイベントがこうした世代の消費に影響を与え、それが大きなうねりとなり時代の価値観を作っている。

　ことアメリカに関していえば、若者世代ではヒスパニックや黒人などを合算したマイノリティ人口の比率が約半数にまで迫っている。彼らにとっては、「多様であることがノーマル」だ。こうした世代にとって、"大人たち"が作ったジェンダーや人種などに関する社会規範や常識、階層は窮屈で、解放すべきものにほかならない。象徴的な例を紹介しよう。

現在、TikTokを使うZ世代の男の子たちの間で、ゲイのような振る舞い
をすることが流行っている。たとえば17歳のイギリス人TikTokスター、
コナー・ロビンソンは2020年2月、友人のエリヤと額をくっつけていちゃ
ついているようなビデオをアップした。ビデオはすぐにバイラルし、220万
回の視聴数と31,000コメントを得ることになった。コナーとエリヤはゲイで
はないが、同性婚がもはや違法ではない時代に育ったZ世代にとって、ゲ
イであることは恥ずかしいことでも隠すべきことでもない。むしろ、彼らは
ゲイを抑圧する価値観に反するビデオをアップすることで、親世代と自分た
ちの違いを示そうとしている。Z世代は、性差別などの社会的、政治的課
題に非常に敏感で、ときに大きな怒りを込めて反対の声を上げていく。

彼らはときに「Boyfriend」と呼ぶ友人らとともに、TikTokに動画を投稿する

資料：Jake Michaels/The New York Times

高まる企業への期待

　世界最大規模のPRエージェンシーであるEdelmanの主要8ヶ国を対象にしたグローバル調査によれば、若い世代の消費者の3分の2が、ブランドの社会的または政治的立場に基づいて購入を決定している。さらに重要なことに、53%の人が、政府よりもブランドや企業のほうが社会課題を解決するのに大きな役割を果たし得ると考えている。

図0-1　企業の信念を意識する消費者の割合

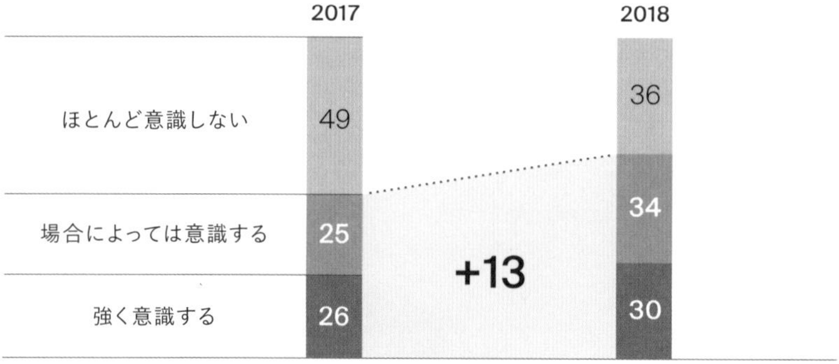

出所：2018 Edelman Earned Brandより筆者作成

　若い世代だけではない。今や、世代や人種を問わず多くの人々が社会的分断を促すような政府や、偏向した報道を続けるメディアに大きな不信感を抱いている。たとえば2019年のPew Research Centerの調査によると、政府が「正しいことをする」と信じているアメリカ人は17%しかいない。この数字は1964年には77%だったため、この半世紀で60%も減ったことになる。またイギリスでの33,000人を対象にした調査では、3分の2以上の人が自分たちの意見は主要政党によって代弁されていないと感じている。
　そして、その空白を埋めるかのように、ブランドや企業への期待値や信頼度が上がっているのだ。

社会課題に対し高い意識を持ち"市民化"する消費者、そして、その消費者の企業への期待値の変化。Pattaのようなブランドが愛されるのにはこうした背景がある。

そのビジネスは何のため？

消費者は、「ただモノを買う人」から、「社会を良くするために消費をする市民」へと自らを変化させた。だからこそ、企業に対しても同様に、行動の変化と、活動の拡張を求めていく。今や、自らの存在理由を株主価値最大化だと捉える企業は、消費者の期待を満たすことはできない。消費者の企業への期待は、単純によいプロダクトやストレスのない体験を提供することではなく、社会をよりよい方向に進化させることへと変化している。最近、サステナビリティへの配慮を標榜するブランドや、BLM（Black Lives Matter）に対して声を上げるブランドが増えたのもこうした期待の変化が背景にある。

企業は「そもそも何のためにビジネスを行うのか」という根本のレベルでの見直しを迫られることになるだろう。目的の大転換に伴って、当然、事業の内容やアクティビティにも大きな変化が生じる。

また、重要なのは、これらの活動を既存の事業に後付けで付加していくのではなく、企業活動のコアに統合し、組み直していく必要があるという点だ。社会からの要請に従いポーズ的にこなすのではなく、社会課題を解決する活動を企業の中心に据えなければならない。その先にこそ、現代、あるいは次世代の消費者が考えるクールさがある。本書では、こうした変化のうねりを「意義化する経済」と形容している。

パーパスが重視される流れは、地球環境の変化、消費者の価値観の変化、企業の競争環境の変化などさまざまな潮流の結節点であり、不可逆

的な変化だ。そしてその変化は約50年前に、当時最も影響力のあった経済学者ミルトン・フリードマンによるドグマ、「ビジネスの社会的責任はただ1つ。利潤を増やすことである」からの決別を意味する。半世紀を経て、「ビジネスの社会的責任とは……」に続くフレーズは、今後はより自由になる。ヒューマニティに溢れ、より多様なものになっていくはずだし、なるべきだ。

　本書では、なぜそのような変化が起きているのかという解説に加え、企業が今後どのように株主価値の最大化に代わる存在意義を打ち立て、実行していくのかについての考え方を提示する。パーパスというコンセプトが、これまでのビジネスの「当たり前」を疑い、刷新していきたいと考える読者をエンパワーメントすることを願っている。

Contents

1章　「意義化」する経済7つの変化

2章　ビジネスにおいてパーパスとは何か

3章　なぜ、世界は急速に「意義化」するのか?

4章　パーパス起点のビジネスのあり方

5章　パーパスを規定する

6章　ステイクホルダーと協働する

7章　パーパスをビジネスに実装する

8章　「意義化」する経済の、その先

1章 ──「意義化」する経済 7つの変化

この本の主題である「パーパス」は決して新しいコンセプトではない。ただし、それが現在においてなぜ影響力を増しているのか、どのような新しいコンテクストを帯びてきているのかが重要であり、その理解の鍵となる考え方を我々は「意義化」と名付けた。

気候変動の先鋭化、SNSの社会への浸透、ミレニアル世代やZ世代の台頭とマジョリティ化など、経済を取り巻く社会環境は新たなステージを迎えている。

ここではまず企業の変化、消費者の変化、そしてパーパスをめぐるコンテクストの変化について大局的に触れておこう。

企業活動の目的の変化

図1-1 企業活動の目的の変化

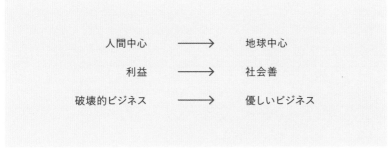

出所：筆者作成

「人間中心」から「地球中心」へ

「カンヌライオンズ」は、世界にある数々の広告・コミュニケーション関連のアワードやフェスティバルの中でも、エントリー数・来場者数ともに最大規模を誇る。

世界中の企業の広告表現や消費者とのコミュニケーションの先端事例を

紹介し、トークセッションなどを通じて背後にある思想を共有しあう。単なる広告やクリエイティブアワードの域を超え、企業としての声の発し方の変化を象徴する「道標」としての意味を持つイベントでもある。

そのカンヌライオンズにおける議論の中心は、数年前から「パーパス」にシフトしつつある。2018年からは「SDGs部門」が新設され、さらに社会意義や環境問題に対する議論が活発化している。

かつて、デザイン思考の興隆とともに、企業都合ではなく生活者起点でサービスやプロダクトの発想を行う「Human-Centered（人間中心）」というアプローチが世界を席巻した。しかし、世界最先端のクリエイティビティや優れたサービスアイデアを競う場では、もはやそうした人間中心的アプローチは競争優位につながらないとされる。

その代わりに非常に勢いのあるアプローチになっているのが、「Planet-Centered（地球中心）」という、環境やサステナビリティに重点を置いた取り組みだ。

2019年には、CARLINGSというノルウェーのアパレル企業がデジタルクラフト部門でグランプリ作品となり、大きな話題をさらった。

CARLINGSのオリジナルブランド「Neo-Ex」は、デジタル空間でしか着用できない洋服のコレクションだ。ユーザが洋服を購入しても、実際に服が手元に届くわけではない。その代わりに、自分の写真をアップロードすると、あたかも自分が本当にその洋服を着ているかのように精巧に加工された写真が送り返されてくる。

この取り組みが評価された要因は、「消費者が洋服を買うのは、着て楽しむというよりSNSでシェアするためだ」というシニカルなメッセージ性にもあるが、何よりも環境負荷が大きな問題となっているアパレル・ファッション業界の取り組みでありながら、環境負荷を実質的にゼロにしたからだ。同部門の審査員長のレイ・イナモトと直接話をする機会があったが、ほかにも非常にクリエイティブな候補作品があったが、地球環境や社会へのインパクトの大きさを考慮して「CARLINGS」を選定したとのことだった。

「着れない服」という斬新なコンセプトを打ち出したNeo-Ex

資料：Carlings Digital Collection

　詳細は後述するが、現在、気候変動などの社会課題の深刻度は年々増している。そのため、たとえ部分的に消費者の利便性を犠牲にしてでも社会課題に対応することが急務となっており、また、課題に対応する企業が消費者に支持されるという循環が起きている。今や、最もプライオリティを置くべきはダイバーシティやインクルージョン、生物多様性であり、ユーザのニーズを満たすソリューションではなくなりつつある。

　これまでは、「ユーザに喜ばれるだろうか」「ユーザの真の課題に寄り添っているだろうか？」という、ユーザ視点を徹底することで広く支持を獲得できたが、もはやそれだけでは不十分だ。今後は、「我々のビジネスや取り組みは地球にとってよいものだろうか」という「地球中心」の視点を加え、さらにそれをユーザ中心思考より優先させる必要があるだろう。

「株主利益至上主義」から「社会善」へ

　2019年、AppleやAmazon、ウォルマートなどアメリカトップ企業の経営者たちをメンバーとする財界ロビー団体「ビジネス・ラウンドテーブル」（日本の経団連に近い）が「もはや利益をビジネスの最終目標にしない」という趣旨の声明を発表し大きな話題となった。これは、1970年代以降続いていた、先述のミルトン・フリードマンの主張「企業の唯一無二の責任は株主への利益還元である」を覆す、コペルニクス的転回でもある。

　こうした業界団体の動きだけでなく、先進的な企業や組織による独自の取り組みも進んでいる。
　企業向け顧客管理アプリケーションの世界最大手でありシリコンバレーを代表する企業の1つであるSalesforce CEOのマーク・ベニオフは、株主だけでなく従業員や顧客、サプライヤー、コミュニティの利益を重視する「新しい資本主義」を唱えている。Appleは2021年からエグゼクティブの給与を社会的・環境的な価値観に対する実績に基づいて最大10％増減させる制度をスタートする予定だ。また、スタートアップのバイブルの1つとされることも多い『リーン・スタートアップ』の著者のエリック・リースは、長期的視座に立った経営をする企業にインセンティブがつくような新しい証券取引所「Long-Term Stock Exchange」を設立。この証券取引所は、保有期間が長い株主ほど多くの議決権が手に入る、また、企業幹部に対する短期目標達成の報酬を廃止する、などの特徴を持つ。
　企業活動の最終目的は短期的な株主利益ではない、という認識が急速に広まりつつあると言ってもいいだろう。

　金融機関もこうした動きに追随している。「資本主義の権化」ともいえる世界最大の資産運用会社のBlackRock（運用総額は約900兆円）は、2020年1月「サステナビリティ宣言」を打ち出し、今後は投資戦略の中心にサステナビリティを置くこと、「サステナビリティに配慮しない企業からは

投資資金を引き揚げる」[1]ことを、かなり強いトーンで発表した。

　「はじめに」でも触れたように、Edelmanの調査では、約3分の2の人が企業やブランドの社会的・政治的スタンスによって購買をするかどうかを決めると答えている。そしてその比率は、年々上がっている。つまり、今後は社会善に資するビジネスこそ消費者の支持を集め、株価も上がり投資も集まる、つまりは「儲かる」ということだ。
　企業の社会的活動は、単なるチャリティではない。今後「社会善」に訴えかけるビジネスこそが真に競争力を持ち、長期的に競争優位を保つ、というある種の「打算」が働いていること、だからこそ経済活動全体を巻き込んだ大きな潮流となっていることを付記しておこう。

「破壊的イノベーション」から「優しいビジネス」へ

　テクノロジーを活用したイノベーションや、それを通じた「破壊的」とまで言われるビジネスモデルを無邪気に追求すればよかった時代はもう終わっている。

　トランプ政権誕生に影響したとも言われるFacebookでのフェイクニュースの拡散は記憶に新しいが、2010年代後半あたりからGAFA (=Google、Apple、Facebook、Amazon) などのテック企業への社会的反発は特に強まっている。

　2020年末、Googleが、倫理的AI (人工知能) 研究チームの共同リーダーだったティムニット・ゲブルを解雇したことは大きな話題になったが、その多くがGoogleに批判的な論調だった。
　同じくGoogleでは、2019年にハラスメント対策などを求める社員による大規模抗議があり、2021年1月には、親会社Alphabetの従業員も含めて200名超の労働組合が結成された。

Amazonはアメリカで同社の顔認識技術「Amazon Rekognition」の警察当局への提供を停止した。これは、有色人種に対する誤用の懸念がある（顔認識技術は黒人などの少数派に使う場合、白人のときと比べて、人物特定の間違いが起こりやすいとする研究がある）との批判にさらされたからだ。

　Uberは、アルゴリズムがドライバーに対して支配的な影響力を持ち、また手数料の料率が高いという批判も多い。

　Airbnbも、観光地の過度なジェントリフィケーション（高級化）や家賃の高騰をもたらし、地元の人にとって住みにくい環境を生んでいると批判を浴びている。

　このように、テック業界が称揚してきた「グロースハック」と言われるユーザ獲得施策、AIなど先端技術を活用したユーザの行動のトラッキング、ステイクホルダー（利害関係者）に圧力をかけるようなアルゴリズム、サービスのもたらすローカルコミュニティへの悪影響などは、社会的に大きな反発を受けるようになっている。

　今後の大きなトレンドとして、革新的であるだけでなく、倫理的で社会課題に資するようなサービスの価値は、高く評価されるようになるだろう。これからは、テクノロジー主導型でなく、それがもたらす副次的効果や副作用、倫理の問題まで配慮されたサービスが支持されていくようになるはずだ。

　進歩的でかつ報酬も高いことで人気の就職先だったGAFAなどのテクノロジー企業が優秀な新卒の学生の採用に苦慮しているのも、上記と呼応したトレンドだろう。Facebookのソフトウェアエンジニアの内定受諾率は2016年から2019年に40％も減っている[2]。

　また若者が昼夜を問わず働くことを美化するようなスタートアップ特有の風潮も薄れてきている。アメリカではこの風潮は「ハッスル・カルチャー」と呼ばれ、企業経営者が都合よく若者たちを働かせるためのものだ、との

批判が展開されるようになりつつある。

　これらは、消費者だけでなく、「従業員にも優しい」企業が支持されていくという大きな流れを象徴する現象の1つと見たほうがいいだろう。

　総じて重要なのは、ヒューマニティ（人間性）の観点をビジネスに持ち込むことだ。そしてその射程に消費者だけでなく、コミュニティ、従業員など多くの対象が含まれている必要がある。

消費者・従業員の変化

図1-2　消費者・従業員の変化

出所：筆者作成

「スタイル」から「スタンス」へ

　今や政治不信やメディア不信は万国共通の現象となっている。

　そして、現代の消費者は、そうした「信頼の空白」を埋める存在として、企業にダイバーシティやインクルージョン、気候変動や差別などの社会課題へのオピニオンの発信や、実際の解決を求めるようになった。

　さきほども軽く触れたが、Salesforceはその分野のリーディングカンパニーだ。創業者マーク・ベニオフの自伝『トレイルブレイザー』では、自社

の社会課題解決の取り組みが詳しく紹介されている。LGBTQ＋の権利を制限するような差別的な法律をインディアナ州が可決した際、ベニオフは従業員から「あなたはどうするつもりか」と迫られた[3]。社会課題解決を期待される時代にあっては、沈黙もまた企業にとっては「肯定」の意思表示とみなされる可能性がある。BLM運動の際に沈黙していた消費者ブランドは、人種差別を容認・黙認する「共犯者」と言われるほどに大批判を浴びていた。

　2021年1月には、三菱商事や日本のメガバンク3行が計画しているベトナムの石炭火力発電所建設事業をめぐり、環境活動家のグレタ・トゥーンベリらが、気候変動対策の国際的枠組み「パリ協定」との整合性などを問う公開質問状を送ったことが大きなニュースになった。

　感度の高い生活者やインフルエンサーは、Instagramでかわいい・かっこいい洋服をアップしたり、ラグジュアリーホテルから見える夜景や高級レストランに行った写真を載せたりすることがもはやクールな行為とみなされなくなってきていることに自覚的だ。それよりもSNSでLGBTQ＋や選択的夫婦別姓などといった問題に対してコメントをするほうが、自分はどういう人間かを表現できる。現代の消費者にとっては、Instagramで自身の（一部装飾した）ライフスタイルを発信するより、社会課題や政治問題に対して「どういうスタンスをとるか」が、より大きく"自己ブランディング"に影響を与えるようになっているのだ。

　同様に、企業やブランドも、プロダクトの見栄えだけを発信するのではなく、社会正義をサポートする活動を行うことが求められる。加えて消費者が、その企業の商品を買うことで「自分も社会課題の解決に貢献している」という感覚を得られることが重要になってくる。消費者も企業もともに「政治アクティビスト化」していると言ってもいいだろう。

　お行儀がよく、当たり障りのない言葉で修飾されたコミュニケーションではなく、「はじめに」で触れたPattaなどの現代的なブランドのように、気候

変動や人種問題に対して大きなカンバセーションを巻き起こしていくような発信が、今後日本でも急速に増えていくはずだ。

逆に、自らを主語に「スタンス」を取ることができない企業は支持を失っていくことになる。一般論として大企業はステイクホルダーも多いため「スタンス」が取りづらく、今後大きなジレンマを抱える可能性が高い。次章以降では、大企業でありながらスタンスを取り消費者の支持を集め、高いロイヤリティを獲得した事例なども紹介していく。

「X世代」から「ミレニアル世代・Z世代」へ

ミレニアル世代、Z世代のマーケットにおける影響力は年々高まっている。購買力を手に入れた彼女ら／彼らは、すでにマーケットとしても世界的に巨大なデモグラフィになっている。

図1-3　アメリカの年齢別人口（2020年時点）

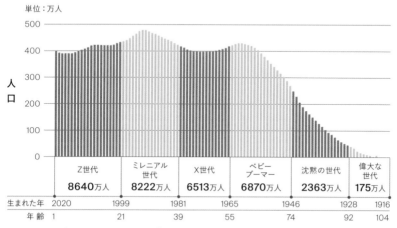

出所：Knoemaのレポート「US Population by Age and Generation in 2020」より筆者作成

一方、日本においては、人口ピラミッドがかなり歪になり、高齢者の比

率が年々高まっていることから、マーケットシェアが高くない若者向けにビジネスを行う必要性があるのかと懸念を示されることが多い。しかし、重要なのは、若者世代向けにビジネスを行うことは、マーケットサイズという「量」の話であると同時に、次のカルチャーやビジネスのスタンダードをつくるという「質」の話でもあることだ。新しいものを試す傾向が弱く、消費に対して保守的な高齢者向けにビジネスを続けた結果、いつの間にか、海外から若者世代向けに顧客体験や感性価値などが高度に作り込まれたプロダクトが持ち込まれ、国内のマーケットが一気に奪われる構図は、これまで何度も生まれてきた。

　過去を振り返れば、デジタルカメラやガラケー、最近でも、音楽、映像ストリーミングサービスなどのコンテンツビジネス、スマートフォンの市場で海外のサービスが日本市場の大半のシェアを占めている。そして今後はテスラをはじめとしたEV（電気自動車）も、海外のプロダクトが日本市場を席巻していくことになるだろう。

　歴史ある大企業にとっては特に大きなチャレンジになるだろうが、今後は若者世代の価値観を理解することが非常に重要になってくる。

　日本の歪な人口構成に最適化してしまうと、いずれは「量」のみならず「質」の面でも、国内外の新たなプレイヤーに既存の地位を脅かされることになりかねない。

パーパスをめぐるコンテクストの変化

図1-4　コンテクストの変化

```
周辺        ───────▶    中心

生徒会長     ───────▶    アウトロー
```

出所：筆者作成

「周辺」から「中心」へ

　新しい文化は、新しいビジネスを支持する若者世代が下支えするものだ。「はじめに」で触れたPattaがおもしろいのは、新しいファッションスタイルの提案とサステナビリティや人種差別などの社会正義に資する取り組みの紹介が、文字どおり同じWEBページに同居していることだ。

　D2C（Direct to Consumer）などの新興ブランドは、WEBサイトのトップページに「Product」や「Shop（店舗）」と並び「Sustainability（サステナビリティ）」という項を設けることが増えてきている。
　また、ユニリーバなどの歴史ある大企業も、同様のページ構成をしている。新しい若い消費者の期待の変化に合わせて、自社と消費者の接点の中心部にパーパスを置くコミュニケーションが、今後より一般化してくるはずだ。

D2Cブランド、AllbirdsのWEBサイト。サステナビリティをサイトの前面に打ち出す

資料：Allbirds 提供

ユニリーバなど大手企業もサステナビリティを大きくアピールするところが増えている

資料：ユニリーバ HP より

これまで消費者ブランドは、環境配慮的な取り組みを行っていたとしても、製品開発やブランディングと完全に切り離していることが多かった。今後は、パーパスに関する活動はそうした「周辺」的取り組みではなく、ここで挙げた例のように「中心」的な取り組みとして位置づけられていくことが重要になっていくはずだ。

　今やパーパスに関する取り組みは、総務部や経理部、財務部の小さなチームが投資家や評価機関向けにレポートを作るような性格のものではない。「バックオフィス」とも言われるそうした部署ではなく、マーケティング、ブランディング、広告、製品開発など消費者との接点を持つフロントエンド側の部署がパーパスに関する活動の中心になっていくはずだ。

　また、詳細は後述するが、投資家サイドも、利益の「量」に加え、利益をどのように生み出したのかという「質」を評価するように急速に変化している。自社の「非財務的パフォーマンス」をどのように向上させるかは、企業戦略的にも中心的な要素となっていくと考えられる。

「生徒会長」から「アウトロー」へ

　パーパスを重視し、企業のスタンスを世の中に明示するにあたっては、社会課題に絡むような情報発信も増えていくだろうが、重要なのはその「差し出し方」だ。

　高潔な信念を前面に出し「正論ばかり吐く人」は、否定はされずとも周りから煙たがられてしまいがちだ。「環境のことを考えましょう」「差別はいけません」などと、ただ発信しても誰の心にも響かない。
　その観点で見ると、企業のサステナビリティや社会課題に関するコミュニケーションは、まだまだ道徳の時間の標語のポスターのようなものが多い。逆にナイキなどは、反対者がいるとわかっていながらもあえてスタンスを取

ることで、大きな議論を巻き起こしている。

　ナイキは、2018年に"Just Do It"30周年キャンペーンとして、アメリカンフットボール選手のコリン・キャパニックを起用した。人種差別に抗議するために試合前の国歌斉唱に起立することを拒否したことで、事実上NFLから追放されていた選手だ。この広告の発表直後、ナイキは「アメリカへの背信」など保守派から大きな反発を受けて大炎上したが、その後共感する人も多く現れた。

「何かを信じろ。たとえすべてを犠牲にしても。」と自らのスタンスを明確に表明したナイキの広告

資料：ナイキ提供

　メッセージを受け取る側が「なるほど、勉強になるな」と「あの人はいつも正しいことを言ってくれるな」と感じてブランドを好きになることはほとんどない。人々が反応するのは、正しいだけでなく、おもしろい、かっこいい、大胆、痛快など感情が動くようなメッセージが届いたときだ。
　パーパスは、適切なコミュニケーションやクリエイティブと組み合わさることで、初めて消費者に伝わり、インパクトを持ち得る。「良い子」「真面目」だけで終わらないメッセージの工夫の試行錯誤とプラクティスの確立が

今後はますます欠かせないだろう。これまで経営書などで語られてきた
「パーパス」は、この観点に対する配慮があまり十分ではなかったように感
じられる。

2章 —— ビジネスにおいてパーパスとは何か

パーパス＝社会的な存在意義

　世界最大の資産運用会社として大きな影響力を持つBlackRockのCEO ラリー・フィンクは、毎年世界のCEOに対して「フィンク・レター」と呼ばれる年次書簡を送ることで知られている。2018年のフィンク・レターのテーマは「パーパスの意識を持つ（A Sense of Purpose）」。その書簡の中で強調されていたのが、企業の社会的責任だ。

　パーパスは、日本語では目的という訳語が当てられることが多い。ビジネスの文脈で用いられる「パーパス」は、さらに踏み込んで「社会的存在意義」と捉えるのが適切だ。企業が社会的な責任を果たす上で求められる「存在意義」は何か、企業は何のために存在するのかという問いに、明確な答えを提示することが求められる。

図2-1　パーパスとは何か

パーパス＝社会的存在意義

企業は何のために存在するのか
社会においてどのような責任を果たすのか

出所：筆者作成

　2018年のフィンク・レターは、株式市場が好調な一方で、格差の拡大、雇用不安というジレンマが生じていることを指摘した。また、政府の対応も不十分であることから、民間企業が社会的責任を果たすことへの期待が高まっていると主張した。さらに、企業が継続的に発展するためには、優れた財務パフォーマンスだけではなく、社会に対する貢献が必要だとま

で提言した。

　BlackRockはフィンク・レターを通じて新たな次元のコーポレートガバナンス（企業経営を監視・統制するための仕組み）の期待を表明している。BlackRockは以前も、企業が短期的な業績である四半期決算を重視することを問題視していた。2018年のレターにおいても、BlackRockは投資家として、企業に長期的な視野を持ち経営するよう呼びかけた。

　レターは「この書簡を通じて、貴社の株主である当社のお客様は、投資リターンだけでなく、世界の繁栄と安定に寄与するリーダーシップと明確さを貴社が示されることを望んでいます」という言葉で結ばれている[4]。

　資本市場は企業が生み出す短期的利益だけを重視するのではなく、今や企業がどのように世界に対して貢献するのかという姿勢も注視している。BlackRockのような資産運用会社が言及したことで、世界の企業経営者はパーパスの重要性について強く認識することとなった。

パーパスの背景にあるステイクホルダー主義

　フィンク・レターとともに世界の経営者にインパクトを与えたのは、2019年8月にアメリカの主要企業が名前を連ねるロビー団体「ビジネス・ラウンドテーブル」が出した、パーパスに関する声明だ。この声明は、アメリカ型経営の象徴とも言える過度な株主資本主義からの決別宣言だった。

　ビジネス・ラウンドテーブルは長らく、企業は株主のために存在するという「株主資本主義」の立場を取り続けてきた。しかし、2019年のこの声明では、企業が説明責任を負う相手は、株主に加えて、顧客、従業員、サプライヤー、コミュニティを加えた5者であるとされた[5]。株主は唯一絶対のステイクホルダーではなくなったのだ。

　この声明の背景には、「持続可能な成長」という視点がある。株主資本

主義は短期的に利益を生み出すには適した立場だ。一方、環境問題や格差問題、ダイバーシティなどの社会課題を無視して企業が長期的に存続し続けることは、もはや難しい。株主だけでなく従業員や地域コミュニティをケアすることこそが、長期的な利益につながるという考え方が、ステイクホルダー主義のベースにはある。

　このステイクホルダー主義は、前述のフィンク・レターでも取り上げられている。2018年のレターでは「企業が株主、従業員、顧客、地域社会を含め、すべてのステイクホルダーに恩恵をもたらす存在であることが、社会からの要請として高まっているのです」と述べられている。

　パーパス、つまり社会的存在意義のコンセプトを理解するには、今、世界的に企業に要請されているこの「ステイクホルダー主義」を理解することがその出発点となる。

Apple のティム・クックらも名を連ねるビジネス・ラウンドテーブルの
「Statement on the Purpose of a Corporation」

Greg Case
CEO
Aon

John A. Hayes
Chairman, President
and CEO
Ball Corporation

Laurence D. Fink
Chairman and Chief
Executive Officer
BlackRock, Inc.

Tim Cook
CEO
Apple

Brian Moynihan
Chairman and CEO
Bank of America

Todd Gibbons
Chief Executive Officer
BNY Mellon

Eric Foss
Chairman, President & CEO
Aramark

José (Joe) E. Almeida
Chairman, President and Chief
Executive Officer
Baxter International Inc.

Frédéric B. Lissalde
President and Chief
Executive Officer
BorgWarner Inc.

Alan B. Colberg
President and CEO
Assurant

Philip Blake
President Bayer USA
Bayer USA

Rich Lesser
CEO
Boston Consulting Group

Randall Stephenson
Chairman and Chief Executive
Officer
AT&T Inc.

Brendan P. Bechtel
Chairman & CEO
Bechtel Group, Inc.

Robert Dudley
Group CEO
BP plc

John Stankey
Chief Executive Officer
AT&T Inc.

Corie Barry
Chief Executive Officer
Best Buy Co., Inc.

Bernard Looney
Chief Executive Officer
BP

資料：ビジネス・ラウンドテーブル HP より

小さな船と大きな船

　パーパスは、企業経営において同じく重要だと言われてきたビジョンやミッションとはどのように異なるのだろうか。ビジョン、ミッションとパーパスの違いは、船のメタファーで説明することができる。

　ビジョン、ミッションは企業がなりたい姿を一人称的に表現するものであることから、その企業しか入らないサイズの「小さな船」に例えられる。一方、パーパスは多様なステイクホルダーが共存するあるべき世界の姿を三人称的に描いた「大きな船」だ。

　パーパスの大きな船には、提唱者である企業だけではなく、あるべき世界に共感する多くのステイクホルダーが乗ることができる。しかし、企業があるべき姿を一方的に伝えるだけでは、共感は生まれない。企業やステイクホルダーが多くの共感を集める大きな船を共同でつくり、あるべき世界の実現に向けて協働する時代が到来しつつある。

　ただし、小さな船としてのビジョン、ミッションと大きな船としてのパーパスは、厳密に分けられるものではないことにも触れておく必要があるだろう。ビジョン、ミッションは一人称、パーパスは三人称という基準はあるものの、本書で定義する「パーパス」をミッション、ビジョンという言葉で掲げる会社も存在する。本書では、多様なステイクホルダーが乗り込むことができる、社会的視点を含んだ「大きな船」であることをパーパスの定義とする。

図2-2　小さな船と大きな船

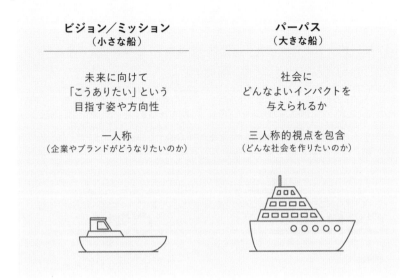

ビジョン／ミッション （小さな船）	パーパス （大きな船）
未来に向けて 「こうありたい」という 目指す姿や方向性	社会に どんなよいインパクトを 与えられるか
一人称 （企業やブランドがどうなりたいのか）	三人称的視点を包含 （どんな社会を作りたいのか）

出所：筆者作成

CSRやCSVとの関係

　パーパスを考える上でもう一つ整理が必要なのは、CSRやCSVといった企業の社会的活動との関係性だ。

　CSRはCorporate Social Responsibilityの略語であり、日本語では「企業の社会的責任」と訳されることが多い。CSRにおいては、社会的活動は企業活動の「周辺」に位置づけられる（たとえば本業で得た利益の一部を、事業とは無関係な植林に使うなど）。部署としても、総務部門がIRなどとともに担当することが多い。

　その活動は企業によってさまざまだが、環境保全、サステナビリティ、人権保護、ダイバーシティ、地域社会への貢献などのテーマが一般的だ。

　これに対して、企業の価値創造の「中心」に社会的責任の概念を持ち込

んだのがCSV（Creating Shared Value）である。経営戦略論の大家、マイケル・ポーターと共著者のマーク・クラマーによって2006年12月のハーバード・ビジネス・レビューに発表された「Strategy and Society」の論文で、社会的活動は企業の「責任」ではなく「価値創造」の源泉であり、戦略そのものに結びつくことが示唆された[6]。

　その後、同じポーターとクラマーの2011年の論文「Creating Shared Value」においてCSVのコンセプトはより詳細に紹介された。両氏はシェアードバリューを「社会や経済の環境をより良くしながら、企業の競争力を高めるための方針と実践」と定義している[7]。

図2-3　CSRからCSVへの変遷

CSR Corporate Social Responsibility	CSV Creating Shared Value
価値は「善行」	価値はコストと比較した経済的便益と社会的便益
シチズンシップ、フィランソロピー、持続可能性	企業と地域社会が共同で価値を創出
任意、あるいは外圧によって	競争に不可欠
利益の最大化とは別物	利益の最大化に不可欠
テーマは、外部の報告書や個人の嗜好によって決まる	テーマは企業ごとに異なり、内発的である
企業の業績やCSR予算の制限を受ける	企業の予算全体を再編成する
たとえば、フェア・トレードで購入する	たとえば、調達方法を変えることで品質と収穫量を向上させる

いずれの場合も、法律および倫理基準の遵守と、企業活動からの害悪の削減が想定される。

出所：ハーバード・ビジネス・レビュー2011年6月号「共通価値の戦略」をもとに筆者作成

　ポーターとクラマーがCSVで意図したのは資本主義の再発明だった。従来、社会的責任と利益は相反するものだと考えられてきた。彼らはこれを批判し、両者は両立可能だと考えた。社会のニーズや課題に向き合うこ

とこそが高い価値につながり、経済的価値を生み出す。

　CSVは経済と社会の発展を両立することができるという立場を明確にした点で画期的だった。

　さて、このCSVとパーパスの関係だが、「同じ山を違うルートで登ってきたもの」として理解するといいだろう。CSVは経営戦略論の重鎮であるマイケル・ポーターが、戦略論の先にある世界を探索し、理論化したものだ。一方、パーパスは経営者の日々のマネジメントから生み出されてきた実践知と言える。

　組織によってはCSVをコンセプトとして好むところもある。また、キリンホールディングスのように「CSVパーパス」という両者を融合した言葉を使うところもある。世界の企業に目を向けると、CSVは経営学的な概念として理解しつつ、組織内外で使う言葉としてはパーパスが使われる傾向にある。CSVよりもパーパスのほうが直感的に理解しやすく、組織に浸透しやすいからだろう。

図2-4　パーパスとCSVの関係

パーパスとCSVは「同じ山を違うルートで登ってきたもの」

パーパス：マネジメントから生まれた実践知

CSV：経営戦略論を起点に持つ経営学の理論

出所：筆者作成

パーパスを考える入り口としての「Why」

2009年9月、TEDトークのローカルイベントであるTEDxにおいて、TEDトークを代表する伝説のスピーチが生まれた。サイモン・シネックによる「How Great Leaders Inspire Action（優れたリーダーはどうやって行動を促すか）」である[8]。アメリカ、シアトル近郊の小さな会場で行われたこのスピーチは、その後50ヶ国近い言語の字幕とともに5000万回以上再生された。

シネックの主張は、「なぜそれを行うのか」というWhyから物事を始めることで、より多くの人々の心を動かすことができるというものだ。シネックは、同心円の中心にWhyを置き、その周辺にHowとWhatを配置するモデルを「ゴールデン・サークル」と名付け、Whyを考えることから物事を始める重要性を提唱した[9]。

図2-5　サイモン・シネックが提唱するゴールデン・サークルモデル

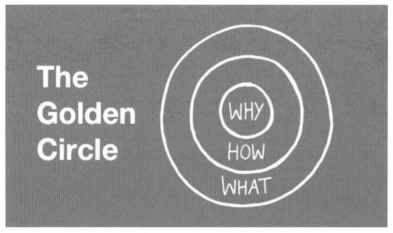

出所：サイモン・シネックHP "The Golden Circle Presentation"より

多くのビジネスはWhatとHowにリソースを割いてしまう。しかし、たと

え競合と遜色のない製品をWhatとして世の中に送り出しても、その製品にWhyが欠けていれば、顧客は魅力を感じない。

　シネックが提唱するWhyを重視する視点は、必ずしもパーパスとイコールではないが、パーパスを考える上での「入り口」として機能する。社会的存在意義を明確にするためには、何（What）をどう（How）やるかよりも、なぜ（Why）それをやるかをはっきりさせる必要がある。

　Whatがよくわからないままビジネスを行う企業はほとんどない。一方、Whyを深く考えないままビジネスを行っている企業は少なくない。シネックのTEDトークから10年の時を経て、Whyの視点には、より社会性が求められるようになった。

　「なぜ、私たちはそれをやるのか?」というWhyを入り口としながら、「なぜ、私たちは社会に必要とされるのか?」とその問いを深めていくことで、多様なステイクホルダーとともに目指すパーパスに到達することができる。

パーパスを実践する企業たち

Lemonade

　2020年7月、世界の名だたるベンチャーキャピタルが出資するフィンテック企業がニューヨーク証券取引所に上場した。上場前から時価総額1000億円を超える、いわゆる「ユニコーン企業」だ。ここまでは、シリコンバレー的なテックスタートアップの典型的な上場ストーリーのように聞こえるだろう。しかし、この企業がパーパス志向を持ち、社会的責任を果たす企業に与えられるB Corp認証を取ったスタートアップでもあると知ると、その印象は大きく変わるかもしれない。企業の名前はLemonade。ちょっと変わった名前だが、提供しているのは次世代型の損害保険だ。

Lemonadeは2015年にそれまで保険業界とは関わりのなかったダニエル・シュライバーとシャイ・ウィニンガーによって設立された。保険業界の常識を疑い、真に社会に必要とされる保険のあり方をゼロから再構築したスタートアップだ。Lemonadeは、保険を必要悪からソーシャルグッドへ転換するというパーパスを掲げ、ビジネスモデルをデザインした。

なぜ、保険が必要「悪」なのか？　これまで保険の顧客は、「保険会社が自社の利益を確保するために保険金の支払いを低く抑えようとするのではないか」という懸念を拭えずにいた。これに対してLemonadeは、一定のフィーを徴収した後の「支払われなかった保険金」を、自社で貯め込むのではなく非営利団体への寄付に回すギブバックという仕組みをつくり、顧客の懸念を解消したのだ。

ユーザはLemonadeの保険に加入する際に寄付の対象となる非営利団体を選択する。年に一度、支払われなかった保険金はユーザが希望した団体に寄付される。非営利団体の活動テーマは医療や福祉、教育、環境保全などさまざまだ。

Lemonadeの顧客数は2020年の終わりに100万人を突破し、ギブバックの総額も100万ドルを超え、合計34の非営利団体に寄付が行われた。

Lemonadeのターゲット顧客は、スマートフォン世代の若年層だ。そのため、ブランドも一見保険会社に見えないほどのシンプルでモダンなデザインになっている。アプリも、AIを駆使したチャットベースのユーザインターフェース（UI）で、まったくストレスを感じずに保険内容の選択から支払い、寄付対象の選択までスムーズに行うことができる。保険支払の請求のユーザエクスペリエンス（UX）も同様に、AIのチャットボットを通じて完結する。

Lemonadeの成長を支えるのは、テクノロジーの効率化による割安な保険料と、スマートフォンに最適化された顧客体験、寄付を通じた社会貢献

の3つの柱だ。これまでのテック企業はプロダクトと顧客体験を競争軸としてきたものが多かった。Lemonadeが次世代型のユニコーン企業として注目されるのは、それらに加えて企業の社会的責任を明確にしている点にある。

ミレニアル世代やZ世代にも親しみやすい、クールで直感的なLemonadeのUI

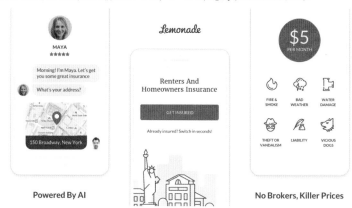

Lemonadeのギブバックの仕組み。支払われなかった保険金は寄付される

資料：Lemonade提供

Allbirds

　2020年1月、注目のD2Cブランドが日本初の店舗を原宿にオープンした。天然のウール素材のスニーカーで知られるAllbirdsだ。Allbirdsも株式評価額が1000億円を超えるユニコーン企業の1つ。サンフランシスコに本拠地を持ち、オンラインショップと世界に持つ20以上の直営店舗でオリジナルのシューズとアパレルを販売している。

　Allbirdsは、自然由来の素材を使ったものづくりを通じて、サステナブルな未来に貢献する姿勢を明確にしている。B Corpの認証も、創業直後に取得した。

　Allbirdsは「ビジネスの力で気候変動を逆転させる（We're changing so the climate doesn't.）」というコミットメントをパーパスとして掲げている。

　製品のライフサイクル全体で排出される二酸化炭素の量を示す「カーボンフットプリント」をゼロにする活動にも力を入れる。その活動のために、製品の素材から廃棄に至るまでの全サプライチェーンにおけるカーボンフットプリントを計測するツールを開発。天然素材やリサイクル素材の使用によって、排出される二酸化炭素を相殺し、カーボンニュートラルを目指す。Allbirdsでは、商品ごとのカーボンフットプリントは数値で明示されている。

　Allbirdsのサステナビリティの取り組みは自社単体に留まらない。アディダスとパートナーシップを組み、カーボンニュートラルを目指す取り組みを発表した。

　アディダスはAllbirdsが開発したツールを使って、アディダス製品の製造工程で生まれるカーボンフットプリントを計測し、素材調達、生産設備、物流などサプライチェーンの全工程における二酸化炭素排出の軽減を追求する。

Allbirdsは、サステナビリティを実現するためには複数の企業が協働することが重要だと考える。そのためには、一見競合とも取れる企業とも積極的に協業する。まさに「ビジネスの力で気候変動を逆転させる（We're changing so the climate doesn't.）」という大きな船に、多様なステイクホルダーを乗せて前進しているのだ。

　こうした姿勢は、ESG 投資志向を高める投資家が支持しやすい状況をつくっている。Allbirdsの売上は 2019 年に 1 億ドルを超えたと言われ、2020 年 9 月には新たに 1 億ドルの資金調達を行い、評価額は 17 億ドルに達した。
　B Corp 認証を受け、サステナビリティを行動指針の柱に据えた Allbirds がユニコーン企業として資本市場から評価されているのを見れば、もはや企業としての評価と社会的責任は、十分に両立可能であることがよくわかるだろう。

資料：Allbirds 提供

Cotopaxi

　2017年、一編のケーススタディがハーバード・ビジネス・スクールから上梓された。そのタイトルは『良いことのために成長をマネジメントする(Managing Growth for Good)』。Gear for Goodというスローガンを掲げる新興のアウトドアブランド、Cotopaxiについてのケーススタディだ[10]。社会がより良くなるために企業が成長する、そしてそれが世界最高峰のMBAでディスカッションのテーマとなる。パーパス起点のビジネスが大きなトピックとなっていることを象徴する出来事と言える。

　Cotopaxiはビビッドな色づかいが印象的なアパレルギアを提供するブランドだが、その特徴は製品だけに留まらない。Cotopaxiのパーパスは「Gear For Good(道具を通じ社会をよくする)」だ。Cotopaxiは「大胆な商品、大きなイベント、それが他者を助けるための優れた方法である(Bold products. Big events. Better ways to help others.)」と宣言する。Cotopaxiというブランドの本質は、製品やイベントを通じて世界をより良いものにすることにある。

　Cotopaxiはサステナビリティに配慮された製品をつくるのはもちろんのこと、修理や回収、リサイクルにも取り組んでいる。サプライヤーに対するエンパワーメントにも配慮し、工場の労働環境を健全なものにすることにも努力を惜しまない。

　製品やサプライチェーンだけではない。年間売上の1%を財源としたCotopaxi財団をつくり、世界6ヶ国、NPOの活動などの42のイニシアティブに助成金を出している。Cotopaxiが特に力を入れるのは貧困問題の解消だ。Cotopaxi財団も、世界の貧困を軽減するという明確なパーパスを掲げている。

　創業者のデイビス・スミスは幼い頃南米で育ち、自分と同世代の子どもたちの貧困を目の当たりにしてきた。アメリカに帰国後名門ペンシルバニア

大学ウォートン校でMBAを取得し、数社を起業した後、幼い頃の体験に基づいて、ビジネスによって貧困をはじめとした社会課題を解決するために、Cotopaxiを創業する。

　スミスは、商品を販売するだけでなく、体験を通じて顧客に社会貢献の意識を持ってもらうことを意図した。そのため、「Questival」というクエスト（冒険）とフェスティバル（お祭り）を組み合わせたネーミングを持つイベントもCotopaxiの社会貢献においては重要な役割を持つ（6章で詳しく述べる）。

　Cotopaxiはデジタルネイティブのブランドとして、店舗よりもデジタルで顧客とつながってきた。また、製品の購入だけにとどまらず、イベントに参加してもらうことで顧客と強い絆を築いてきた。

　Cotopaxiのビジネスは貧困を救うためにあり、ミレニアル世代やZ世代などを中心とした顧客は、その姿勢を支持してCotopaxiのビジネスを支える。社会的責任とビジネスの両立を、若い顧客とともになし遂げている新しい時代の企業のあり方だと言える。

Cotopaxiが年間売上の1%を投じる貧困問題解決のためのCotopaxi財団

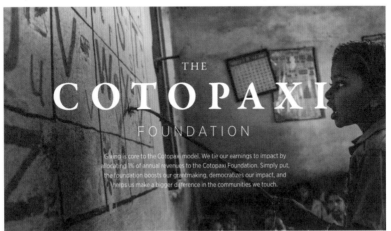

資料：Cotopaxi提供

ナイキ

2018年、アメリカンフットボールのNFLの選手だったコリン・キャパニックを起用した広告キャンペーンでナイキは多くの人々からの非難にさらされた。キャパニックは2016年8月のNFLの試合前の国歌斉唱の際に、黒人をはじめとした有色人種への差別に対する抗議を理由に、ベンチに座ったまま立ち上がらなかった。キャパニックはその後も国歌斉唱中は片膝をつくことで抗議の姿勢を示した。トランプ元大統領は国旗と軍を侮辱する行為だと批判し、その行為の賛否については全米を巻き込んで議論が交わされた。

ナイキは、反発を想定した上であえてキャパニックを広告キャンペーンに起用した。

コピーは、「何かを信じろ。たとえすべてを犠牲にしても。(Believe in something. Even if it means sacrificing everything.)」。SNSには、キャパニックの行為に反対する人々によるナイキ製品の不買表明や、製品を壊したり燃やしたりする動画が溢れた。この騒動でナイキの株価は一時数%下落する。しかし、ナイキのメッセージとキャパニックに対して共感する人々が現れ始め、オンラインを中心に売上を拡大、結果として株価は反転上昇することになった。

ナイキの一連の活動はもはや従来のブランディングの枠組みを超えているとも言える。政治的にもなりがちなイシューにあえて向き合い、勇気を持って意思表明する姿勢は、アクティビズムの領域に達している。キャパニックを起用したこの「Dream Crazy」キャンペーンは2019年の世界的なクリエイティブフェスティバル、カンヌライオンズにおいて2部門でグランプリを受賞、アメリカの放送業界のアワードであるエミー賞も受賞している。

ナイキがこのような姿勢を貫く背景には、パーパスを重視する企業姿勢がある。ナイキは2020年1月に14年間CEOを務めたマーク・パーカーか

らジョン・ドナホーにCEOが交代した。その後、ナイキはWEBサイト内に自社のパーパスを説明するページを開設。

　そこでは、「障壁を乗り越える（Breaking Barriers）」という言葉とともに、新たに明文化された「私たちのパーパスは、スポーツの力で世界を前進させること、すべての人のためのゲームとなるように障壁を超えてコミュニティを構築すること（Our Purpose is to move the world forward through the power of sport – breaking barriers and building community to change the game for all. ）」というパーパスが紹介されている。ナイキは差別の撤廃だけでなく、コミュニティ、地球環境に対する貢献の姿勢を明確にしている。

　同じく2020年アメリカ、ミネソタ州でアフリカ系アメリカ人ジョージ・フロイドが白人警官によって首を膝で押さえつけられ死亡した事件を発端に、BLM（Black Lives Matter）の抗議運動が全米に拡大した。このときも、ジョン・ドナホーCEOは、ナイキにおける雇用の多様性拡大にコミットするとともに、アフリカ系アメリカ人コミュニティに対する寄付を発表するなどスタンスを表明した。

　パーパスに立脚したキャパニック起用のキャンペーンによって、ナイキに対する共感は高まった。BLM運動によって、その傾向はより強いものになったと言える。キャパニックの騒動以降、国歌斉唱の際に跪く選手が多く現れたため、NFLは国歌斉唱中に跪く行為を禁止。しかし、BLM運動が全米に拡大し、2020年6月には、NFLのコミッショナーはTwitterで「NFL選手の抗議の意思に耳を傾けなかったことは間違いだった」と述べるに至った。

　混沌とする社会情勢の中で、ブランドはもはや高尚な理念を掲げるだけでは支持を集めることができない。アクティビストとして、信じるものは何かを表明し、自ら行動して世界をより良いかたちに変えていくことが期待されている。

ユニリーバ

　ナイキ同様、もう1つ大企業の例を紹介しよう。2018年6月、早くも夏の日差しが眩しくなり始めたフランス、カンヌ。当時ユニリーバのCEOだったポール・ポールマンはカンヌライオンズの壇上に立って1000人もの聴衆の前でスピーチしていた。

　カンヌライオンズのコミュニティは、この年の LionHeartアワードをポールマンに贈呈。LionHeartアワードは世界にポジティブな変革をもたらした個人や団体に与えられる。ユニリーバという巨大なグローバル企業のトップとして、サステナビリティの方向性に大きく舵を切ったことが受賞の理由だ。

　2009年から2018年までCEOを務めたポールマンの着任当初、ユニリーバは業績が長く横ばいの状況にあった。ポールマンがまず取り組んだのは、Unilever Sustainable Living Plan (USLP)の導入と、長期的視点でビジネスを再構築するための四半期決算報告の廃止であった。

　USLPは、「環境負荷を減らし、社会に貢献しながらビジネスを成長させることを目指す事業戦略」だ。具体的には、すこやかな暮らしの実現、環境負荷の削減、サプライチェーンに関わる人々の経済発展という3つの領域におけるコミットメントが表明された。

　USLPが導入された2010年当初、多くの企業はビジネスとサステナビリティを切り離して考えていた。そんな中、ポールマンはサステナビリティを単なる社会貢献とは捉えず、ビジネスにおける「成長戦略」であることを明確に打ち出した。

　ユニリーバは、将来の成長のためにこそ、企業は環境への負荷に責任を持つ必要があると考えた。消費者から積極的に選ばれるためには環境への配慮は欠かせない。そのためには、自社だけではなくサプライヤーも含

めて健全なサプライチェーンをつくる必要があった。また、大きな市場に成長しつつある途上国では、環境が急速な経済成長の犠牲にならないことが求められた。ユニリーバは避けては通れないこれらの項目を「戦略」の中心に置いたのである。

　結果として、USLPはユニリーバに多くの成果をもたらした。環境負荷をあらゆる局面で軽減できたことはもとより、ダイバーシティの確保や、優秀な人材を惹きつけることにも成功したのだ。

ユニリーバが掲げるSustainable Living Plan

資料：ユニリーバ提供

　USLPの導入とともに、四半期決算報告の廃止も進められた。株価は一時8％も下落したが、ポールマンは長期的視点でビジネスを再構築するために必要なものだと信じ、その意志を変えることはなかった。

　長期的視座に立脚したパーパス起点の経営を行うことで、さまざまな効果が生まれた。意思決定がより長期的、戦略的視座に立ったものになっただけでなく、従業員のマインドセットも大きく変革した。ユニリーバの従業員は、自らの仕事が暮らしによりよい変化をもたらすことに誇りを持つようになり、高いモチベーションで仕事に従事するようになった。

ポールマンのパーパス起点の経営は、従来のグローバル企業のマネジメントとは一線を画する先進的なものであった。結果として、ポールマン在任中のユニリーバの1株あたり利益は3倍近くに成長した。

　ポールマンのパーパス起点経営は、新CEOのアラン・ヨーペにも受け継がれた。ユニリーバは「サステナビリティを暮らしの"あたりまえ"に（Our purpose is to make sustainable living commonplace）」というパーパスを戦略の中心に置き、その周辺に「パーパスを持つブランドは成長する（Brands With Purpose Grow）」「パーパスを持つ企業は存続する（Companies With Purpose Last）」「パーパスを持つ人材は成功する（People With Purpose Thrive）」という3つの要素を掲げている。ユニリーバにとってパーパスは戦略の中心であり、ビジネスのさらなる成長のためのドライバーであるという認識が明確だ。

企業戦略の中心にパーパスを置くユニリーバ

資料：ユニリーバHPより

ソニー

　2019年1月、CEOの着任から1年経ち初めて経営方針説明会の壇上に立ったソニーCEOの吉田憲一郎は、1分半ほどの動画とともにソニーのパーパスを紹介した。説明会の中で、吉田は盛田昭夫と井深大という2人のファウンダーの「技術の力を用いて人々の生活を豊かにしたい」という思いが、ソニーの社会的存在意義の起源であると述べた。

　ソニーのパーパスは「クリエイティビティとテクノロジーの力で、世界を感動で満たす。」。

　説明会の後の質疑応答において、吉田は着任後1年間に取り組んだことの中で最も重要なことはパーパスの定義だったと振り返った。日本企業のリーダーとしてはとても印象深い回答だ。

　2020年7月号のダイヤモンド・ハーバード・ビジネス・レビュー誌でのインタビューによると、ソニーのパーパス策定には半年の時間が割かれたという。社員からも意見を集め、社員とともに存在意義を共有することが、企業の長期的な持続可能性のためには必要だったという。「経営チームと社員については、長期的視点での価値創出に向けて同じベクトルで進んでいくことが重要です。会社を動かすには、社員に納得して自主的に動いてもらうことが重要で、そのためにはパーパス&バリューを伝えることが欠かせません」と吉田は当時を振り返る[11]。

　さらに1年後、2020年5月に吉田は再び経営方針説明会の場に立った。会の冒頭、吉田はゆっくり言葉を噛み締めながら再びパーパスについて触れた。

　2020年の説明会では既存の事業領域に加えて、2020年初頭に発表したEVコンセプトカーのVISION-Sに触れ、「クリエイティビティとテクノロジーの力で、世界を感動で満たす。」というパーパスが新たな事業の芽にも反映されていることを示唆した。

古田は判断基準としてのパーパスの重要性についても言及している。巨大なグローバル企業においてトップの意思決定のスピードには限界がある。特にパンデミックのような危機発生時においては、各部門のリーダーが自律的に舵取りできなくてはならない。そのためには、経営の判断基準を明確にしておく必要があり、だからこそパーパスが重要だという。

パーパスを定義し大きな方向性を示した上で、任せるべき人に任せ、決めるべきタイミングで決める。従来のトップダウン型ではない、パーパスドリブン型のリーダーシップがソニーには浸透しつつある。

成長戦略としてのパーパス

あるペットフード企業の変身

スイスにあるビジネススクールIMDで戦略論を教えるトーマス・マルナイトらが2019年にハーバード・ビジネス・レビューに発表した論文「パーパスを戦略の中心に（Put Purpose at the Core of Your Strategy）」は、経営学者やビジネスパーソンたちに関心をもって迎えられた。

マルナイトらは高い成長率を誇る企業の研究をする中で、これまで企業の成長ドライバーだと考えられてきた新市場の開拓、広範囲の関係者のニーズの充足、市場のゲームのルールの書き換えなど、のほかに、彼らも完全に見落としていた要素があることに気がついた。それはパーパスだというのだ。

マルナイトらは、当初パーパスを、企業の社会への貢献をあくまで付加的に述べるものに過ぎないと考えていたが、成長企業を研究する過程でその思いは一変したという。成長企業はパーパスを戦略の真ん中に置き、市場を再定義し、提供価値を転換することで成功してきた[12]。

たとえば、食品企業大手のMarsのペットフード部門であるMars Petcareは「A Better World for Pets (ペットのためのよりよい世界)」というパーパスのもと、ペットフードに留まらず、ペット向けアプリや動物病院などにビジネスを展開し高成長を遂げた。

　パーパスは動物病院事業への展開を促し、その事業もさらに遺伝子治療にまで拡張し、やがてはペットのウェルビーイング全般を扱う事業にまで成長した。また、パーパスにもとづき、ペットの健康を維持するためのIoTデバイスの販売も始めたが、それも最終的にはデジタルプラットフォームにまで拡張し、トータルケアサービスに発展した。今やMars Petcareは、Mars全体の中でも最大の急成長部門となっているという[13]。

図2-6　パーパスを起点にしたMars Petcareの成長軌道

「既存市場への最適化」から脱出するために

　マルナイトらは、パーパスを中心に置くことによって、カイゼン的（incremental）で受動的（reactive）な戦略から脱却し、能動的に未来を創出することができると捉えている。これまでの戦略立案は、短期的な予算達成と収益改善を目指して、既存市場に焦点を合わせがちだった。また、リスクを恐れて、カイゼン的なアプローチに留まることが多かった。

　しかし、ご存じのとおり、既存の市場と顧客にこだわりすぎたために市場から退出した企業は数多く存在する。

　インターネットの時代に適応できず、最終的には粉飾決算が原因で破綻した長距離電話会社のWorldcomや、ECの台頭になすすべがなく経営破綻した、アメリカを代表する老舗デパートのSearsなどの企業は、既存のビジネスモデルを過信し、市場はそんなに早く転換しないと考えていた。しかし、現実はそう甘くはなかった。

　マルナイトらによるとパーパスを企業戦略として捉えることの意義は、企業が向き合っている市場を「再定義」できることにある。成長企業はこの再定義に長けている。パーパスは、新しいプレイフィールドを発見するためのガイドとなるのだ。

　パーパスは単なる慈善活動でも、飾っておくだけの美辞麗句でもない。市場を再定義し企業の成長を牽引するものであり、かつステイクホルダーを束ね、動機づける。パーパスは企業を新しい成長の次元に牽引するために、戦略の中心に置くべきものだ。

図2-7　パーパスが戦略に果たす役割

カイゼン的戦略	パーパス起点の戦略
成熟産業において 市場シェアを争う　→	市場を再定義する
経営者はオペレーションの 管理を行う　→	ステイクホルダーを束ね、 動機づける

出所：筆者作成

機能から体験、そして意義へ

　長らく、製品・サービスは機能で差別化してきた。レコードはカセットテープに代わり、カセットテープはCDに置き代わっていった。CD以降、音質による差別化は困難になり、iPodやiTunesのような音楽の提供方法や視聴方法における「体験の差別化」の時代が訪れた。体験価値は、その後Eコマースやスマートフォンの普及によってより重要度を増し、ユーザエクスペリエンス（UX）やカスタマーエクスペリエンス（CX）が競合との差別化要因となった。

　そして今、体験価値だけでも差別化要因としては不十分になりつつある。顧客を魅了するUXをデザインする技術は飛躍的に向上した。乱立する音楽ストリーミングサービスを体験の良し悪しで判断するのは、もはや難しいだろう。

　サステナビリティに高い関心を持つミレニアル世代やZ世代が新たに重視するようになったのが提供される製品・サービスの背景にある意義やストーリーだ。

　物心ついたときからスマホが手元にあった彼女ら／彼らにとって、良質な体験価値はコモディティとも言える。

パーパスを戦略の中心に置く企業は、意義が競争優位性につながることに気がついている。

前述のLemonadeを例に考えてみよう。Lemonadeの機能価値は、加入から保険金の請求まですべてオンラインで完結する利便性と、割安な保険料にある。体験価値としては、スマートフォンに最適化されたチャットインターフェースが挙げられる。

ここまでなら通常のフィンテック企業も変わらない。だが、Lemonadeの最大の特徴は、「保険を必要悪からソーシャルグッドへ転換する」というパーパスのもと設計された、保険金の余剰を非営利団体への寄付に回すギブバックの仕組みだ。

人々がLemonadeの保険に加入すればするほど社会が良くなるという意義があるからこそ、社会課題に関心がある顧客は、「どうせ保険に入るならLemonadeを選ぼう」という気持ちになる。

図2-8　機能、体験、意義の3階層で見るLemonadeの提供価値

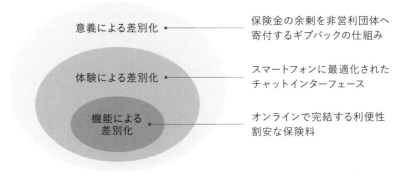

意義による差別化 ● ━━━ 保険金の余剰を非営利団体へ寄付するギブバックの仕組み

体験による差別化 ● ━━━ スマートフォンに最適化されたチャットインターフェース

機能による差別化 ● ━━━ オンラインで完結する利便性 割安な保険料

出所：筆者作成

パーパス型企業を束ねるB Corp

世界中の企業がこぞって求める「B Corp」の認証

　B Corporation（B Corp）は、アメリカの非営利組織「B Lab」が提供する、社会的責任を果たす企業に対する認証の仕組みだ。意義が競争優位性の源泉となりつつある今、持続的なビジネスの成長のために、B Corp認証を取ろうとする企業は数多い。

　B Corpの「B」は「beneficial（良いことをもたらす）」の頭文字だ。2021年5月現在、世界70ヶ国以上の3900を超える企業がB Corpとして認証されている。

　B Corpの認証は、社員や顧客、サプライヤー、コミュニティ、環境といった幅広いステイクホルダーに対して社会的責任を果たすことを、経済成長と両立しているビジネスに与えられる。単に良いことをしているだけでは不十分なのだ。

　B Corpは、企業が社会的責任を果たし、よりGoodな世界を実現するために、ビジネスを手段として活用するという思想で成り立っている。この志に共感した19社の企業とともに、企業と地域経済の共生をテーマにしたカンファレンスに登壇したのがB Corpの始まりだ。この19社はその後、B Corp認証を受けた最初の企業となった。

　B Corp以前は、フェアトレードやオーガニックなどの「商品」に対する認証はあったが、「企業」のあり方を認証する仕組みはなかった。B Corp認証があることで、人々はよりよい社会の実現のために、どこで働くか、どこでものを買うか、そしてどの企業に投資すべきかを判断できる。

　B Labは、商品ではなく企業全体の取り組みを評価することこそが、信頼あるビジネスをつくるためのパワフルな手段になると考えている。

B Corpの究極の目的は、資本主義の再定義にある。これまで企業は株主という限られたステイクホルダーの利益のためにしか行動しにこなかった。しかし、「ステイクホルダー」の定義をより広範囲に拡大すれば、企業活動のインパクトを社会全体の利益につなげることができる。

　資本主義の持つ力は大きい。その力を正しい方向に向けることで、非営利的活動だけではなし得なかった大きなインパクトを生み出そうとしているのだ。

　B Corp認証を受けるためにはいくつかのステップを経る必要がある。

　まず、B Impact Assessment（BIA）と呼ばれる企業の社会的責任への貢献度を測る質問に回答する。質問項目はガバナンスや従業員、地域社会、環境など多岐にわたる。このアセスメント自体は誰でも受けることができ、スコアと改善点がひと目でわかるようになっている。B Corp認証を受けるためには、このスコアが200点満点中80点を超えることが必要だ。

　次に、B Corpの基準を満たした定款に変更するなど、法的な要件を満たすことが求められる。公開企業では定款の変更は株主総会決議が必要なことも多く、特に大企業になると取締役会や株主総会など、手続きは複雑で時間を要するものとなる。B Corp認証は、企業に対してそこまでのコミットメントを求める制度なのだ。

　B Corp認証を受ける企業の動機は、自分たちこそ社会的責任を果たそうとするリーディング企業だと、客観的指標とともに宣言することにある。ミレニアル世代やZ世代は社会的責任を果たしている企業からものを買いたいと思っている。どうせ働くならB Corpで、と考える人も多い。人々が仕事に報酬の多寡だけでなく、社会的意義を求めるようになるほど、こうした認証はより機能するようになる。

「B Corp」の認証はあらゆるステイクホルダーに対して社会的責任を果たす企業に与えられる

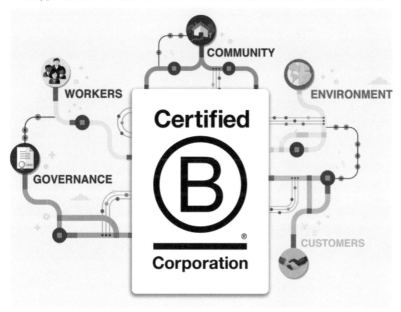

資料：B Corp 提供

企業がつながれば、資本主義も変えられる

　B Corpのコミュニティの一員になることも企業にとっての動機の1つと言える。

　「B Hive」はB Corp認証企業の従業員なら誰でも参加できるオンラインコミュニティだ。B Corpに関する情報やアセットにアクセスできるだけではなく、B Corp企業のリーダーとつながったり、他の企業の従業員と協業し、社会へのインパクトが大きな活動に参加したりすることができる。

　B Corpでは、地域ごとのローカルコミュニティや、社会テーマごとのコミュニティを組成して、B Corp認証企業同士のコレクティブ（集まり）から、社会的なインパクトを生み出そうとしている。

地域ごとのローカルコミュニティである「B Local」は北米を中心に20以上の地域で形成され、B Corp企業同士が同じ地域で活動できる基盤を提供している。ローカルコミュニティはそれぞれ独自のWEBサイトを持ち、イベントや情報発信を行って、地域における仲間づくりを推進している。

北米各地に広がるB Localの拠点

資料：B Local提供

　WeTheChangeは、B Corp認証企業の女性リーダーを中心に運営されるインクルーシブで持続可能なビジネスを推進するためのコミュニティだ。WeTheChangeは、ジェンダーによる制約がない新しいビジネスのあり方を模索している。
　政治に対するアドボカシー活動（政治や政策に影響を与えることを目的とした組織や個人の活動）を行ったり、インクルージョン・持続可能な経済などテーマごとにいくつかのグループに分かれてアクションを起こしている。B Corp企業の女性リーダーたちが横でつながることで、企業単独よりもより大きな社会インパクトを生み出す狙いだ。

WeTheChange のコミュニティに集う女性経営者

　最後に紹介するB Corp Climate Collectiveは、その名のとおり気候変動問題に向き合うコミュニティ活動だ。2019 年に、世界の気候変動問題の解決に積極的な35 以上のB Corp 企業がニューメキシコ州に集まってサミットを開催し、気候変動に向き合うアクションプランを策定したところから、活動が始まった。

　B Corp Climate Collectiveは特にClimate Justice（気候正義）とNet Zero 2030 の活動に力を入れる。Climate Justiceとは、先進国の経済発展が引き起こした気候変動が途上国とのさらなる格差を生んだとの問題意識から、この格差を公平性の観点にもとづき是正しようとするものだ。B Corp Climate Collectiveでは、企業がこの「気候正義」のために実施できるアクションプランを取りまとめた「Climate Justice Playbook for Business」を作り、B Corpコミュニティの内外に啓蒙活動を行っている。

Net Zero 2030は、2030年までに二酸化炭素排出をネット（全体の総和）でゼロにしようとする活動だ。すでに500を超えるB Corp企業が2030年の二酸化炭素排出ネットゼロに対するコミットメントを表明している。目標達成のために、B Corpではオックスフォード大学と協力し、B Climate Tools Baseというツールキットを作成。B Corp認証企業の戦略立案を組織的に支援している。

　こうしたコミュニティ活動からもわかるように、B Corpは企業同士が横でつながり、まさにコレクティブ（集団）として社会にインパクトをもたらす仕組みとなっている。B Corpの究極のパーパスである資本主義の再定義は、1つの企業だけでは達成できない。だからこそ、相互に協力しながら大きな船をつくり、真にインパクトのある社会変革が目指されているのだ。

B Corpの二酸化炭素排出ネットゼロに向けたイニシアティブ、Net Zero 2030

資料：B Corp提供

3章 ── なぜ、世界は急速に「意義化」するのか？

複雑化する世界

気候変動とUber Eats配達員のつながり

「ブラジルの蝶の羽ばたきが、テキサスで竜巻を引き起こす」。

これは、気象学の分野では「バタフライ効果」と呼ばれる。一見関係ないような小さな動きがきっかけとなり、遠く離れた場所に大きな影響を及ぼしうることを示した寓話的表現だ。

グローバル化やインターネットによって、世界はさまざまな経路で密接につながり、そして、そのつながりは日に日に強まり、ますます複雑化、カオス化している。バタフライ効果はたとえ話として使われることが多いが、すでに世界のあちこちで実際に起こっていると言ってもいいだろう。

図3-1は、マーケティングの大家であるフィリップ・コトラーなどが、世界がいかに複雑につながり、相互に関連しあっているかを示したものだ。

たとえば、気候変動のような自然現象が、人々が安心して暮らせる地域に影響を与え、移民の増加につながる。そして、それがまた他の分野へ二次的、三次的影響を及ぼしていく。移民を受け入れると、もともとその国で暮らしていた人々の雇用を脅かすことになり、そうした人々は移民排斥などの過激主義や右傾化へと向かい、結果的に人種差別などにつながる。トランプ支持者の増加やイギリスのブレグジット、ヨーロッパ各国での右派政党の躍進などが代表的事例だろう。こうした問題は、他にも賃金の不平等や犯罪増加、貧困などに結びつくこともあるかもしれない。

もちろん、こうした機会の存在が移民に新たな収入をもたらし、自身や子どもの教育費に充てられ、長期のキャリアアップに資するなどのプラスの影響もあることだろう。ここで示した因果関係や順番は一例であり、上記のような要素がさまざまな形で相互に影響を与えながら、新たな現象を呼び起こしていく。理由も結果も、1つではない。

図3-1 「厄介な問題」のエコシステム

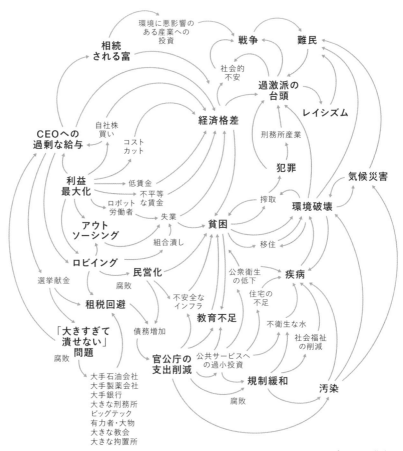

資料：クリスチャン・サルカール、フィリップ・コトラー作成の
「The Ecosystem of Wicked Problems」を邦訳して引用

　そしてもう少し想像を巡らせれば、必ずしも経済的に恵まれていない人々の増加が、わたしたちの生活に馴染みのあるUber Eatsの配達員や、拡大し続けるAmazonの配送センターの従業員となって社会生活のインフラを支えていることにも考えが及ぶだろう。一方で、Uber Eatsの配達員の

増加は都市における自転車移動の比率の増加につながり、それは環境に対してポジティブなインパクトを与えているかもしれない。これは因果関係を一方向的に単純化した事例だが、実際はこうした経路が複線的につながっており、さらに双方向に影響を与えていく。

都市のインフラになりつつあるUber Eats

資料：Tomohiro Ohsumi / Getty Images

「つながりすぎ」の社会で企業は何をすべきか

こうした「ブラジルの蝶→テキサスの竜巻」のような、複雑な経路を辿るつながりは、この社会に縦横無尽に張り巡らされている。

リーマンショックを予言したとして有名になった元トレーダーのニコラス・タレブは、『ブラック・スワン』という著作で、世界を単純化して理解しようとしすぎるあまり、世界に大きな影響を与えうる不確実で大規模なイベントを見過ごす危険性を指摘した。そんな彼は、昨今の環境を「接続性が高

すぎる」と評している。

　2008年、リーマンショックにおいて単一の金融機関の破綻が、接続性が高い金融システムの影響で、世界中の金融不安の引き金になったのは記憶に新しいだろう。そして、2020年に起きた新型コロナウイルスのパンデミックも「接続性が高すぎる」がゆえに世界中で大きなインパクトを与えていると言える。世界は複雑に絡み合っており、特定の課題を解決したとしても、それは1つの企業でカバーできる範囲を超え、二次的、三次的、四次的に、隣接する領域に次々と影響を与えていく。

　インターネットの発展や普及は不可逆的に進んでいるため、つながりを緩めるという選択肢はない。今後は、一つひとつの要素は複雑に強く絡み合っていることを前提にして事業を組み立てる必要がある。こうした状況下においては、特定の状況で特定のデモグラフィ（属性）へソリューションを提供するような、1つの企業で取り組める小さいサイズの課題解決の重要性が下がってきているとも言える。

　環境対策のためにEVの普及がいくら進んでも、その充電を化石燃料による発電によってまかなっている限りは、地球環境へのポジティブなインパクトはほとんどない。ここで言いたいのはEVに意味がないということでは決してなく、単一の企業の取り組みでは、広範な社会課題への対応が難しい、ということだ。逆に、複数のステイクホルダーが連携する必要性は日に日に高まっている。
　一例を挙げると、デンマークの製薬会社ノボノルディスクは、「糖尿病の治療薬インスリンの開発と製造」を事業の目的に据えていたが、2020年に新たなパーパス「Defeat Diabetes（糖尿病に打ち克つ）」を発表した。これは、単に自社製品の販売を最大化するのではなく、医療従事者、病院、自治体などと世界中で連携し、予防も含めて糖尿病という病気に向き合っていくことを意味する。
　ノボノルディスクの新しいパーパスは、自社だけでなく多種多様なステイ

クホルダーと連携しながら課題に取り組んでいる点に加えて、糖尿病によって失われる経済的損失などの社会的損失への対策としても機能しているという点で、自社の事業を質的に転換したと言えるだろう。

　ここで重要なのは、ビジネスがこれまで得意としてきた、精緻な分析を通じて課題を特定するという要素分解的アプローチではなく、自社のビジネスの影響範囲をより広く捉えた、全体最適的なアプローチが必要になっていることだろう。接続性が高い社会では、誰かに依存し／依存される、という関係が必ずどこかに、しかも複数存在する。したがって、企業が目的やゴール（パーパスであれ、利益目標であれ）を考える際には、孤立した自社のみの利益につながるようなゴールではなく、社会全体にとっての利益を考えることが必要とも言える。自社のみの利益を追求すると、接続性が高い社会では必ずどこかで「しっぺ返し」がくる。

　そうしたつながりの中で自社を位置づけることで、必然的に企業が見る視点も公益性を帯びてくる。自社だけでなくサプライヤー、顧客、株主、環境や地域コミュニティなどのステイクホルダー全体の利益を考えると、追うべき目的は金銭的目的だけでは不十分になっていく。

　自社の存続は、気候変動や貧困問題などの課題とも接続されており、そうした社会課題が先鋭化したり悪化したりすることは、ビジネスにも大きな悪影響を与える。逆に言うと、気候変動などの社会課題に対応することは、公益のためではなく、自社の利益へのためとなる、とも言えるだろう。
　環境問題のように広範な問題は、これまでフリーライダーを許容し、積極的に解決する企業にだけコストを課してきた。しかし、それが消費者からの支持、投資家からの資金の調達につながる時代となった今、状況は少しずつ変わってきている。

政治やメディアに対する不信

　これまで、社会に必要なアジェンダをセットする、あるいは社会の気運を捉え、発信するという役割は政治やメディアが担ってきた。しかし現在、それらが機能しているとは言い難い。政治とメディアに対する信頼性は年々低下し、それに反比例するように、企業や消費者ブランドへの信頼度や期待は年々向上している。企業が、政治やメディアが負ってきた役割を代替し始めている。

真っ黒に塗り潰されたInstagramのタイムライン

　2020年5月、アフリカ系アメリカ人ジョージ・フロイドが暴行され死亡した事件に端を発したBLM（Black Lives Matter）は、単なる人種差別反対運動としてだけではなく、消費者に対する企業のコミュニケーションの変化をも象徴する出来事だったと言えるだろう。

　ジョージ・フロイド事件のあと、黒人差別に対するデモが全米に急速に広まると、消費者ブランドはこぞって真っ黒に塗り潰した黒一色の画像をInstagramなどのSNSに投稿した。また、マンハッタンの中心地のタイムズスクエアのビルボードでも「BLACK LIVES MATTER」と書かれた全面広告が登場して話題になった。

ニューヨークのタイムズスクエアに掲げられた Black Lives Matter のビルボード広告

資料：Alexi Rosenfeld / Getty Images

　社会の注目度が非常に高いこの事件に対して、消費者ブランドや企業が
こぞってリアクションをし、人種差別反対の立場を鮮明に示したのだ。

　このように消費者ブランドや企業が社会課題に対してこぞって声を上げる
例は、BLMだけではない。

　昨今の先進的なブランドを見ていると、銃規制や女性の社会進出、サス
テナビリティ、政治汚職など、一見ビジネスとは直接関係ないような発信を
する企業が非常に増えてきている。なぜブランドは、自社のブランドやキャ
ンペーンではなく、このような政治的・社会的話題を全面的に出すようなキ
ャンペーンをするようになったのだろうか。それは端的に言うと、消費者が
求めているからだ。

政治・メディアの空白を企業が埋める

　2020年11月のアメリカ大統領選は結果的にバイデン候補の勝利に終わったが、同候補に対して攻撃的で扇情的なアクションを取り続けていたトランプ元大統領は、敗戦した候補としては史上最多の票を集め、あらためてアメリカの政治的分断を印象づけることになった。

　アメリカだけでなく、イギリスのブレグジットやヨーロッパ各国の右傾化など、世界各国でこれまでにないほど政治的分断が広まっている。
　政治家や国のリーダーは多様な意見を集約し、自身の政策に異を唱える人を包摂するような役割を担う。しかし、各国の政治リーダーたちの中には、この分断を埋めようとするのではなく、むしろ分断を推し進めることで自らへの支持をより強固なものにするスタイルをとる者も増えてきた。背後にはさまざまな要因があるが、結果として政治不信もこれまでにないスピードで広がってきてしまっている。

　2019年のPew Research Centerの調査によると、政府が「正しいことをする」と信じているアメリカ人は17％しかいない。この数字は1964年には77％だったので、この半世紀で60％も減ったことになる。日本でも政治に関するスキャンダルは毎日のように報じられており、政治に対する信頼度は高いとはいえないだろう。こうしたトレンドは、2016年に誕生したトランプ大統領政権以降の一時的な流れとも思われがちだが、図3-2を見ればわかるとおり、ブッシュ政権からずっと続くトレンドだ。

図3-2　政府を「常に」か「ほとんど」信頼すると答えた人の割合

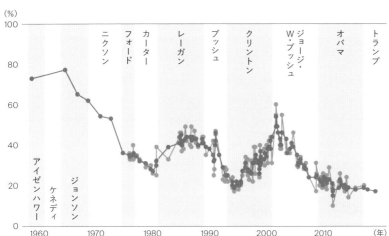

出所：Pew Research Center「Public Trust in Government: 1958-2019」より

　また、「フェイクニュース」や「ポスト・トゥルース」などの言葉の流行に代表されるように、政治だけではなくメディアも、その信憑性が大きく問われている。

　Edelmanの2019年の調査では、政府に対する信頼と同様、メディアに対する信頼も5割程度と低水準にあることが示唆されている。また、イギリスのインターネット専門のリサーチ企業YouGovの調査では、イギリスでの「最も信頼できる情報源」のトップはなんとWikipediaであった。

　SNSなどでもメディアの偏向報道を糾弾するような声は少なくなく、伝統的ニュースメディアの報道が必ずしも中立的でないことは、もはや周知のものになっている。加えて、SNS空間上では、ページビューを獲得するためか、伝統的メディアですら誤解を生みかねない扇情的なタイトルを記事につけることも珍しくない。

骨太の記事やオピニオンの発信をしても結果的に読まれない、という状態も生まれ、もはやメディアが世論形成をする力は急速に薄れていると言っていいだろう。

図3-3　それぞれの機関を信頼できると答えた人の割合

企業 企業は27ヶ国中 18ヶ国で政府より 信頼された	NGO	政府	メディア
61	57	53	51

出所：Edelman Trust Barometer 2021より

　また、世界の多くの地域で、宗教の持つ影響力も弱まっている。ロンドンのセントメアリー大学のヨーロッパ全土を対象にした調査によると、無宗教である若いヨーロッパ人の割合は急増している。スウェーデンの16〜29歳の75%は無宗教を自認し、オランダ人、イギリス人、ベルギー人の若者の60%は、宗教的な奉仕活動に参加しないとしている。

　政治やメディアへの不信、また、これまでの精神的拠り所になってきた宗教離れ。かつて生活者が「拠り所」や「基盤」としていた重要なピースが失われつつある。

Amazonは新たな「法律」となった

　リーバイスが銃規制に対する反対意見を表明したり、動画配信サービス大手のNetflixが女性の堕胎禁止を議会で可決したジョージア州での撮影をボイコットしたりと、政治的アクションをとる企業は枚挙にいとまがない。

消費者向けに事業を行っている会社だけでなく、企業をクライアントとするSalesforceも、銃の販売業者にソフトウェアを提供することを禁止している。多くのEC事業者に決済・カートシステムを提供しているShopifyも、銃を扱う企業へのソフトウェアの提供を停止し、イーベイもその後に続いた。

　こうした動きの中でも特に注目すべきは、Amazonという巨大ECプラットフォームが火器の販売を停止したことの効果だろう。ECの巨人たちと、EC事業者を陰から支えるソフトウェア大手の動きは、実質的に銃のオンライン販売が法律で禁止されたに等しい効果を持つ。

投票としての消費

　こうした企業の動きは、消費者のアクションと表裏一体だ。

　消費者は、自らのオピニオンやスタンスを（今や生活者からの信頼を失った）政治に対する投票という形ではなく、消費という形で表現することが増えてきた。性差別的なアクションを取ったり、BLMへの支持を表明しなかったりするようなブランドの商品を買うことをボイコットする「バイコット（buycott）」という言葉も広く使われている。

　政治やメディアを信頼できない今、消費者は自身のオピニオンやスタンスを消費と紐づけるようになった。オピニオンやスタンスがない政治家に投票しようがないのと同様に、そうした発信をしないブランドは選択肢にも並ばないという事態も生まれている。

　もちろん、顧客を失ったり意見を異にするグループから批判を浴びたりと、スタンスの発信には一定のリスクが伴うため、政治的スタンスをとることに抵抗を覚えるブランドや企業も多いだろう。

　実際、アメリカでもBLM支持を表明したブランドが過去の言動との不一致を指摘され、激しく糾弾されてしまったこともあった。しかし、前述のナ

イキは、批判を生みつつも、支持者を増やし、結果的に収入を大幅に増加させている。

　消費者の価値観の変化に敏感なブランドや企業はすでに、消費者に向けたコミュニケーションの方針をガラリと変化させている。プロダクトへのこだわりや美意識を表現すること、利便性などを訴求することはもちろん重要だ。しかし、今やそれだけでは消費者の心を掴むことはできない。消費者は信頼を置くことができ、自らを先導して社会をよりよい方向に推し進めてくれる企業を求めている。

「テックラッシュ」に伴う
人間性（Humanity）への回帰

大人気を博す「ほとんど何もできない携帯電話」

　かつてシカゴのデザインスクールで筆者（佐々木）の同級生だった台湾系アメリカ人のカイウェイ・タンが、2015年に「Light Phone」という「ほとんど何もできない携帯電話」をクラウドファンディングで発表した。その電話は少し厚みのあるクレジットカード程度のサイズで、電話とテキストメッセージしかできず、ガラケーにも遠く及ばないような限られた機能しか搭載されていない。さらに、アドレス帳に記載できるのはたった9人だ。その電話が大きな人気を集め、2号機の「Light Phone II」はクラウドファンディングで約3.6億円もの資金を集め、50,000人が順番待ちするほどになっている。

ごく限られた機能しか持たず、それゆえに人気を集めるLight Phone

資料：Light Phone 提供

　これは「テックラッシュ（テクノロジーとバックラッシュを掛け合わせた造語）」という、GAFAなど大手IT企業への反発を示す運動の1つの事例と言えるだろう。

　これまで、テック、最先端、イノベーティブといえばなんでも許されるような空気があったが、2017〜18年頃を境にその潮目は変わってきている。

　AIと倫理の問題が取り沙汰されたり、あるいは、SNSがフェイクニュースの拡散などに非常に大きな役割を果たしたりしたことを受け、無条件にテクノロジーを称揚すること、またそうしたテクノロジーにどっぷり浸かることは必ずしも社会を前進させていないのでは、という論調が強まってきている。

　フランスのデータ規制当局が米Googleに5000万ユーロの罰金を科すなど、世界各国の政府も具体的なアクションを取り始めた。これに伴って、テクノロジー企業の側も、人の心理やマインドを"ハック"して中毒性を持たせるようなアプローチは控えるようになってきている。

元Googleのトリスタン・ハリスは2016年頃からSNSやスマートフォンがもたらす中毒性について警鐘を鳴らし、「Time Well Spent（有意義な時間）」というムーブメントを始めた。彼は「Time Well Spent」はスマートフォンなどとのデバイスの接触時間をなるべく短くし、家族と会話する時間や街を散歩する時間など人生にとって有意義な時間をもっと増やそう、というコンセプトだ。こうしたムーブメントを受け、iPhoneもAndroidのスマートフォンも、デバイスの使用時間である「スクリーンタイム」を、ユーザにレポートするようにアップデートされている。レポートはゲーム、SNS、ニュースなどどのようなタイプのサービスに時間を使ったのか、特定のどのアプリの使用時間が長かったのかを、前週や前月との増減率とともに伝えてくれる。

　ハリスも言うように、究極的な目標は単にデバイスやサービスの接触時間を減らすことだけでなく、人々のアテンションを取り合うというゲームそのものを変えることだ。今後、テクノロジー企業がサービスを考えるにあたっては、このTime Well Spentのコンセプトを考慮に入れる必要があるだろう。

　これはテクノロジー業界の事業の目的の1つに「Humanity（人間性）」を加える必要があるというトレンドの一例だ。Light Phoneの人気からもわかるように、テクノロジーがその革新性や先端性を最大限表現してユーザからの支持を取り付ける、というスタイルはすでに過去のものとなったと考えていいだろう。

　また、消費者だけでなく投資家の中でも同じような認識が広がっている。

　かつて企業は、自らのビジネスを形容するのに「テック」という言葉を使うことで、その企業価値やレピュテーションを上げようとしてきた。「不動産業ではなくテック企業だ」「タクシー会社ではなくテック企業だ」「食品企業ではなくテック企業だ」といったように。しかし、近年の巨額の上場

ブーム（WeWork、Peloton、Uber、Lyft、Slackなど）にもかかわらず、「テック」という言葉はだんだんと使われなくなってきている。

調査会社のSentieoが企業のプレスリリースや決算報告書などを元にした調査によると、テックという言葉が最も使用されたピークは2018年8月頃であった。それ以降、テックという言葉の使用頻度は12％減っている。これは金融マーケットや実業界、消費者の中で、テックという言葉から受ける印象が徐々にネガティブなものにシフトしてきていることの表れと言える。

GAFAへの就職を拒む若者たち

「テックラッシュ」が蔓延する今、大学生たちにとってGoogleやFacebookといったテック企業に対するポジティブな見方はますます小さくなってきている。

『ニューヨーク・タイムズ』の記事[14]の中で、ミシガン大学4年生のチャンド・ラジェンドラ＝ニコルッチは「大学1年生のときは、GoogleやFacebookで働くことは、最もクールなことのように思っていました。高い給料をもらえて、かつ社会的責任のある仕事をすることができるからです。しかし今は、モラルの面でそうした仕事に就くことにためらいを感じます。ウォールストリートの企業に対してそう思うように」とコメントしている（1章でも紹介したが、Facebookのソフトウェアエンジニアの内定受諾率は2016年から2019年に40％も減っている）。

この記事では、シリコンバレーにとって最も魅力的な人材供給源であるスタンフォード大学でコンピューターサイエンスの学位を得た学生たちでさえ、巨大テック企業で働くことへの興味をなくしつつあること、中には企業に入って中からその文化を変えようとする者もいること、また、テック企業からオファーをもらった際にリクルーターに対して「No」を突きつけること

で自らのスタンスを表明する人たちのエピソードが紹介されている。

　また、2018年、Googleでは「Google Walkout（Googleから出ていこう）」という、Google社員による経営陣への大規模な抗議活動が話題になった。職場でのセクハラや女性差別、不正行為温存体質の改善を求め、11月1日に世界中のオフィスで抗議デモを行ったのだ。このデモ活動には世界の50都市のオフィスで2万人（従業員の約20%）が参加したという。今や、イノベーティブで先端的取り組みを行っているだけでは優秀な（特に若い）人材を惹きつけ、留めさせることはできない。

　「人間性（ヒューマニティ）」への配慮が求められ、率先してそのような対応をしている企業が従業員から大きな支持を集めている。この構図は、BLMがある種のマーケティングとして機能しているのと（従業員か消費者かというターゲットの違いはあれど）同じだ。
　今や、アメリカのテック企業の経営者たちが、自身のグロースハック術を自慢げに話すようなことはほとんどない。倫理やサステナビリティについて自分たちの言葉で語り、それを自らの事業活動に組み入れようとする動きが確実に進んでいる。

先鋭化する環境危機

「地球が危機に陥ればビジネスどころではない」

　2章でも紹介した、B Corpの認証も受けているシューズ・アパレルブランドAllbirdsの環境への取り組みは終始一貫している。サプライチェーンへの配慮やメディアに対するコミュニケーション、製品開発などには相当のリソースとコストがかけられている。2019年には、製造・販売のすべての過程でのカーボンニュートラルを達成した。

Allbirdsは環境に最大限に配慮した企業であると同時に、ベンチャーキャピタルから多額の資金を集めている急成長スタートアップでもあるが、その行動様式は、成長・利益一辺倒のスタートアップとは相当かけ離れているように感じられる。

　幸運にも共同創業者のジョーイ・ズウィリンジャーにインタビューをする機会に恵まれた際、こんな質問をしてみた。「なぜ利益に直結しないような環境への取り組みにそんなにエネルギーを注ぐのか。成長にブレーキをかけることになったりはしないのか」。

　彼はそれに対し、なぜそんな質問をするのか、と怪訝そうな顔をしながらこう答えた。「そもそも地球が危機に陥ればビジネスどころではない。ビジネスを通じて環境に貢献することはわれわれの責務だ」。

　その口調が非常に力強かったのが印象深く、少しびっくりしたことを覚えている。

　ジョーイの口調が強く感じられたのは、私とジョーイの気候変動に対する意識が遠くかけ離れていたからだろう。

　消費者の感情や価値観の変化を敏感に感じ取れるD2Cという業態で未来のブランドのあり方を構築しようとするAllbirdsのような企業にとって、気候変動やサステナビリティへの意識を高く持つことは自明なのだ。

上海や香港が水没する未来

　他にも多くの専門書や解説書があるため本書では気候変動やそれがもたらす災厄について詳細は述べないが、その概要には触れておこう。

　約30年前の1992年に国連が気候変動枠組条約を採択し、明白な科学的事実を、相当の危機感を持って突きつけた。しかしそれ以降、私たちは抜本的な解決に向けて必要な行動を取ってきたとは言えない。この30年に化石燃料を燃やして大気中に放出されたCO_2はおよそ2000億メートルト

ンにおよび、その量は産業革命開始から1990年頃までに排出されたCO_2と同程度となる。二酸化炭素濃度は、今や、科学者たちが「これが限界」と警告してきた400ppmを超え、411ppmまで上昇している。

　国連の気候変動に関する政府間パネル（IPCC）は、今世紀末までに地球の平均気温は約3.2度上昇すると警告している。そうなれば、北極や南極の氷は融解し、マイアミやダッカ、上海、香港など世界の100もの都市が水に浸かる。「数度の上昇」と言えば小さく聞こえるが、現在の「最良のシナリオ」とされている2度の上昇でも、4億人が水不足に見舞われるなどの危機が予測されている。

　気候変動がなぜ重要かと言うと、「バタフライ効果」に触れた箇所で紹介したように、貧困、飢餓、教育格差、乳児死亡率の上昇などさまざまな問題の引き金となるからだ。
　2011年に始まったシリア内戦では、100万人以上がヨーロッパに難民として流入したが、その遠因は気候変動が引き起こした旱魃（かんばつ）だったと言われている。さらに、大量の難民は欧米で右派の台頭やポピュリズム旋風などのきっかけになった。

　日本でも2018年に起きた西日本豪雨は記憶に新しい。新型コロナウイルスにより忘れられつつあるが、オーストラリアでも2020年に史上最悪の森林火災があった。またアメリカのカリフォルニアでは山火事が頻発し、2020年9月には街全体がオレンジ色に変わったことが大きな話題になった。あまりに頻発する山火事と空気汚染によりカリフォルニアから移住をする人も増えており、このような「気候難民」は世界中で今後数億人にまで上るという予測もある。

カリフォルニアでは山火事で空がオレンジ色に染まった

資料：Philip Pacheco / Getty Images

日本人は"気候危機"への意識が最下位

　一方で、顕在化しつつある危機と、日本の生活者の意識の開きは非常に大きい。

　気候変動についてはいくつかのショッキングなデータがある。

　2020年春のIPSOSという調査会社の国際比較調査で「人間の活動が気候変動につながっている」と考える人の比率は、日本がダントツの最下位であった。世界平均は77％、隣国の韓国は86％、日本は1つ上のロシアより10ポイントも低く、53％のみがYesと答えている。

　これは気候変動についての"温度感"が他国とまったく一致しないことを意味する。

図3-4 「人間の活動が気候変動につながっている」と考える人の割合

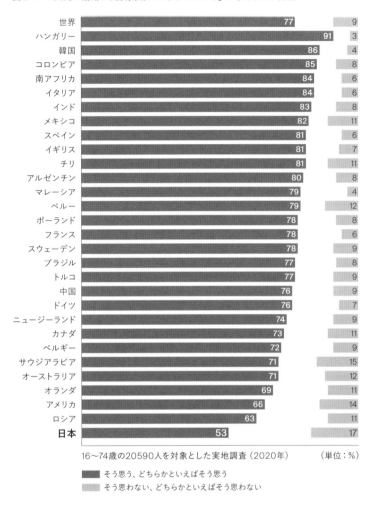

16〜74歳の20590人を対象とした実地調査（2020年）　　（単位：%）

■ そう思う、どちらかといえばそう思う
▨ そう思わない、どちらかといえばそう思わない

出所：Ipsos「Earth Day 2020」より

　国立環境研究所の江守正多は、日本人の環境意識の国際社会とのズレを示すもう一つのショッキングな事実を紹介している。

　2015年の少々古いデータになるが、「あなたにとって、気候変動対策は

どのようなものですか」という問いに対する結果だ。ここで「多くの場合、生活の質を高めるものである」と回答したのは、世界平均の66%に対して日本では17%であり、「多くの場合、生活の質を脅かすものである」と回答したのは、世界平均27%に対して日本では60%にも上った。

　この結果は、気候変動対策が、世界的には生活の質を高めるために前向きかつ積極的に取り組むべきものと考えられている一方で、日本では、生活レベルを落としかねないものとして敬遠されがちだということを意味する[15]。

　なお、「気候変動」という言葉は現在の危機的状況を表現するのに適切ではないとし、より強い表現に変更されることも増えてきている。イギリスの『ガーディアン』紙は、紙面で使う単語や表現の規定をアップデートし、「Climate Change（気候変動）」を使用するのではなく「Climate Emergency, Crisis or Breakdown（気候緊急事態、危機、破綻）」、「Global Warming（地球温暖化）」ではなく「Global Heating（地球過熱化）」が推奨されるようになった。また、人々の無作為が自滅を招く、という観点で「Environmental Suicide（環境自殺）」という表現を使う識者も現れている。

　"気候危機"は、未来にやってくる問題ではなく、今すでに私たちが直面している大きな問題だ。また、環境問題への対応は、自分たちの生活レベルの向上に直結するというポジティブな意識が世界のスタンダードだが、なぜか日本ではその意識がずれている。

　グローバルと接続されている日本の企業は、現在の温度感で環境対策などの取り組みを行っていては、世界から取り残されてしまうことになりかねない。さすがに利益の最大化だけを目的に有害物質を垂れ流しながら工場を稼働しているような企業はもうないだろうが、昨今では製造業やメーカーだけでなく、IT企業でもカーボンフットプリントに配慮することがスタンダード化している。

たとえばマイクロソフトは2020年に、2030年までに「カーボン・ネガティブ」（事業で排出する二酸化炭素の量をマイナスにすること）を目指すと発表し、さらには2050年までに「1975年の創業以降、会社が排出したすべての炭素を環境から排除する」とまで付け加えた。そして、10億ドルを投じて「Climate Innovation Fund」も設立する。マイクロソフト社長のブラッド・スミスは「カーボン・ニュートラル宣言だけでは、わたしたちが抱えている世界の問題を解決するのに十分ではない」とまで言い切った。

消費者の意識を高めようとするAllbirdsの意志

ここでAllbirdsの取り組みを仔細に見てみよう。

Allibirdsは、2019年4月に気候変動に対する対応策として、炭素税を"自主的に"課すことを宣言した。Allbirdsの靴は1足あたり10kgのカーボンを排出して作られる。これを排除するために必要な0.1ドルを炭素税として自社製品に課し、エネルギー、大気、土地の保全に特化した3つのプログラムに投資している。「単なるCSR活動では環境問題を解決することは難しいと思います。わたしたちがやろうとしているのは、自分たちが大切にしている環境に対する価値観を製品に統合させることです」と語るのは、先に登場した共同創業者のジョーイ・ズウィリンジャーだ。

基金の規模は公開されていないが、その26％はオクラホマ州にある「Big Smile Wind Farm」というプロジェクトに投資され、66機の風力タービンを使い、46,000世帯用の風力発電を行っている。さらに基金の26％は約50万エーカー（20万m^2）の熱帯雨林の保全を専門に行う「Envira Amazonia」プロジェクトに投資され、20％は再生農業プロジェクトに充てられている。他にもフロリダ州などでも投資を行っているようだ。なお、これらの投資先はAllbirdsの商品を購入した顧客によって決定されたという。

Allbirdsの取り組みからは、積極的に情報公開するだけでなく、消費者の環境に対する意識を上げようという意思も感じられる。また、環境によい作り方をするだけでなく、素材自体の開発にも積極的に取り組んでいるという点でも、まさに環境への取り組みを企業活動の中核に組み込んでいると言えるだろう。

「カナリア」的産業アパレルの変革

　現在、気候危機に対して最も鋭敏に反応しているのはファッション業界だろう。

　ファッション業界は、製品のサイクルも早く、来たるべき新しいシーズンのトレンドを設定する装置（ファッションウィークやファッション雑誌など）を持つ。そのためライフスタイルの変化が敏感に反映され、他の業界の行く末を占う「カナリア」的産業でもあると言われる。

　2018年6月に発表されたバーバリーの年次レポートはたちまちネット上で大炎上した。原因は、売れ残った約40億円相当のアクセサリーや衣服が焼却処分されたと記載されていたこと。安売りによるブランドイメージの毀損を避けるために在庫品を焼却処分するのは、バーバリーに限らずファッション業界で何年も行われてきた「不都合な真実」だったが、セレブや環境保護団体がこぞって取り上げたことからこのレポートは大騒動を巻き起こした。

　これをきっかけに、

— 日本国内だけでも年間100万トン（およそ33億着）もの衣服が捨てられているとされており、そのうち9割は埋め立てあるいは焼却処分されること
— 繊維・ファッション業界は世界の温室効果ガスの10%、排水の20%を生んでいること

など、ファッション業界の環境負荷に関するニュースが次々と大きく報じられ、注目を集めることとなった。

　そして、多くのアパレル企業やファッションブランドも、世論の変化に鋭敏に反応して対策を打つようになってきた。
　2019年11月、プラダは、Crédit Agricoleという金融機関と50万ユーロのサステナビリティ関連ローンを締結。世界最大の資産運用会社のBlackRockなどもこの分野に資金を拠出し始めている。また、H&Mの投資部門 Co：Labは、テキスタイルのリサイクルから染色に至るまで、新しい技術開発への資金を提供している。

　アディダスやナイキなどのスポーツアパレル系のブランドも、こぞって環境配慮型の素材を使った製品の販売を開始している。アディダスは海洋廃棄されたプラスチックをもとにしたシューズやアパレルを発表し、さらにフューチャークラフト.ループ（FUTURECRAFT.LOOP）という、リサイクルの物流・販売の仕組みを統合的にデザインしたシューズを販売している。このシューズを一定期間使った後、消費者がアディダスにシューズを返却すると、洗浄・粉砕され、新しい素材として溶かされる。新しく生まれ変わったシューズは、ゴミを排出することなく再び消費者に届けられる仕組みだ。

　また、2019年夏には、ファッション業界の中でも最も環境負荷が高い分野の1つであるデニムについて、エレン・マッカーサー財団が、「ジーンズ・リデザイン・イニシアティブ」を立ち上げた。ブランドは当然リスクを避けたがって既知の素材やプロセスを使用するため、企業努力のみに期待することは難しい。そこでこのイニシアティブでは、80人以上の専門家とともにデニムづくりの共通基準を策定することで、業界の新しいスタンダードをつくろうとしている。
　ジーンズ・リデザイン・イニシアティブは、Gap、H&M、Tommy

Hilfiger、そして Reformation などのブランドからスタートした。その後、Banana Republic、Wrangler など 2020 年 2 月時点で 17 社が参加。さらに新たに 2 つの衣料品メーカーが加わり、7 つの生地工場とランドリーが加わった。

　また、他にも H&M、Target、PVH Corp、マイクロソフト、ウェイストマネジメントほか数社はファッション業界における「循環型システムの構築」と、コミュニケーションの基準づくりを目的に「CircularID」というイニシアティブを立ち上げることを発表した。

　CircularID は商品に紐づいたユニークなデジタルアイデンティティで、食品の栄養成分表示のように、既存の商品タグに表示されているブランド名、価格、染めの方法、生産国などに加えて、その商品のライフサイクルにおけるインタラクションデータが記録される、「モノのパスポート」のようなものだ。この技術によって、その商品の出所の確認や真贋判定が容易にできるようになり、よりスムーズなリサイクルや個人間でのリセールが可能になる。

消費者は「消して費やす主体」ではない

　こうした動きは、他の業界にも波及する。

　玩具大手のレゴは、古くなったブロックを回収して教育団体に提供するプログラムをアメリカで開始した。

　この再利用プログラムは、レゴブロックをなるべく長く使ってもらうことで、そもそも捨てられたりリサイクルされたりするプラスチック量を減らすための試みと言える。さらに、レゴはドイツやイギリスで風力発電所に投資をしているほか、2030 年までに従来の石油からつくられるプラスチックの代わりにプラントベースのプラスチックを生産することまでをも計画しているという。

IKEAも2020年2月より、「家具のNetflix」とも呼びうるサブスクリプションプログラムの試験運用を始めると発表した。このプログラムによって彼らが目指すのは、「サーキュラーカンパニー」になることだ。IKEAは一度使われた家具を捨てずに有効活用するために、2030年までにすべての製品をリユース・リペア・リサイクルできるようにデザインすることを目指すという。

　またIKEAは家具がより長く使われるようにするために、ロンドンの店舗に新しく「learning lab」と呼ばれるリペアのスキルを学べるスペースを設計。ヨーロッパを中心に「消費者にはメーカーを通さず自身で修理する権利がある」との思想にもとづき「Right to Repair（＝修理する権利）」という新たなコンセプトが生まれている中、IKEAはいち早く「未来のものづくりのスタンダード」を実践しようとしている。

　このようにメーカーが「新しくモノを生産する主体」であり、消費者が「消して費やす主体」であるという、20世紀型のありようは姿を消しつつある。作ること、そしてそれを単に消費することは、これからの経済活動において主役の座を徐々に失っていくはずだ。

世論を自らつくる生活者

　先進的な企業は、早々とパーパス起点の取り組みを始め、それを次の時代のスタンダードとして設定している。

　これまでも触れてきたが、それらの企業は、消費者の変化を敏感に感じ取っている。ミレニアル世代以下の若い世代は、何に価値を置き、どのような企業やブランドを評価しているのだろうか。企業の変化から、生活者の変化に視点を転じてみたい。

「声を上げれば世界は変わる」
成功体験を得る若者たち

　グレタ・トゥーンベリの怒りに満ちた表情を覚えている人は多いだろう。

　2021年1月現在まだ18歳の彼女は、国連のスピーチで、大人たちに対して、環境破壊をここまで放置した責任をとり「落とし前をつけろ」と手厳しい声を発した。彼女は、デジタルネイティブで環境意識が高く、コスモポリタン（地球市民）的価値観を持つ、いわゆるZ世代の象徴的アイコンとして捉えられることが多い。人々に気候危機対策の重要性を伝える上で、大きな役割を果たしている。

　一方、彼女の同世代には、彼女のような「怒り」や「憤り」や「落胆」をベースにしたコミュニケーションとは違う形で、また気候変動に限らず多様な社会的問題についてメッセージを発する人も少なくない。「はじめに」でも紹介したとおり、TikTokなどでカジュアルにジェンダーについて発信するような若者も増えてきている。

　ミレニアル世代やZ世代は、このように社会課題に対して、積極的に声を上げることに対してあまり抵抗がない。加えて、彼女ら／彼らは、クリエイティブに、自分たちらしい方法でデジタルツールを駆使しながらオピニオンを発しているが、この流れは #MeToo 運動以降、特に活発に見られるようになった。

　2018年1月頃から「#MeToo」という、セクシャルハラスメントなどの被害体験をSNSで告白する際に使用されるハッシュタグが流行した。ハリウッドの女優によるアメリカの著名映画プロデューサーの告発をきっかけに、「『私も』同じような被害にあった」という告発が頻発し、映画界のみならずビジネス界にも飛び火して大きな騒動になった。

　「SNSで声を上げることで社会の因習を変えることができる」というのは若者にとっては世代全体の成功体験になっていると言っていいだろう。

「政治やメディアに対する不信」で、消費者は企業に対してアクティビズム的活動をするよう求めている、と書いたが、ここでの重要なポイントは、消費者はまず自分たちが声を上げることで社会を変えられるという実感を得た上で、企業にも同様のアクションを求めているということだ。

SNSという「企業や政府、一般生活者など、誰もが等しく声を発することができる装置」のおかげで、生活者の声の相対的価値は向上し、信頼を失いつつある政府やメディア以上に、そしてその代役を果たす企業を上回るほどに影響力を持つようになってきた。

そして、インターネット上での声の上げ方にいちばん長けているのは、デジタルネイティブと言われる、SNSなどとともに育ったミレニアル世代やZ世代だ。インターネットやSNSの影響力が不可逆的に増す中で、彼女ら／彼らの声の重要度はますます高まっていくだろう。

「OK, Boomer. もううんざりだ」

ここまで触れたとおり、インターネット時代のオピニオンは若者が作っていくことになる。「大人」の影響力は小さくなる一方だ。

2020年、Z世代が「OK, Boomer」というスラングを好んで使うようになった。これはTikTok発のミーム（一部のコミュニティで流行していた表現や"スラング"が、SNSなどでの模倣やマッシュアップによって急速に拡散していったもの）で、アメリカで大手メディアがこぞって取り上げている。

「OK, Boomer」は、ベビーブーマー世代や年長世代が、社会の変化を正しく理解せずに発する意見に対して、若者世代が、冗談、皮肉、批判の意図で使う言葉だ。年配世代からの見下した態度にうんざりした若者たちによる、もういい、わかった、勝手にしてくれ、自分たちは気にせず前に

進むから——という反撃と冷笑が、そこには込められている。

　このミームはアメリカに限らず、各国に飛び火し、ニュージーランドの議会では、25歳の女性議員が地球温暖化対策について演説中に、年配の議員からやじを受けた際に「OK, Boomer」と受け流して話題となった。なお「OK, Boomer」は、2020年には、辞書サイトの最大手の1つであるDictionary.comが新語として追加している。

　最近、議論のあり方やオピニオン形成を若者世代が担うシーンがインターネットやSNSで目立っている。そして、理解不足ゆえの的外れな意見や因習は、容赦なく糾弾される。日本で、政治家が女性に対して出産を奨励するようなコメントをした際には、SNSで激しい批判の声が上がった。

　これまでは世論形成は主に"大人"や大手メディアが作ってきた。しかし、これからは若者世代がSNSを通じて形成していく機会が劇的に増えるだろう。こうした批判が行きすぎて、ある種の魔女狩りのようになったり、文脈の深い理解がなく批判に及んだりするケースも散見されるが、SNS上でさらに議論が展開されるなど、健全に自浄作用が働きつつある。

　もちろん、こうした動きは、インターネット空間だけに止まらず実社会にも浸透していくことになる。若者が大人の作った社会規範に合わせる形で意見を修正するのではなく、大人世代が意見を柔軟に修正することを求められる局面も増えてくるはずだ。

「まっとう」な生活を送るための社会主義

　こうした若者世代の考え方を理解する上で、「脱資本主義」は1つのキーワードとなるだろう。

　日本では『人新世の「資本論」』というマルクス主義研究者の斎藤幸平による新書が異例のベストセラーとなった。本書のヒットの背景には、資本

主義的な無限の成長を前提とする考え方へのアンチテーゼを求める社会的
素地があったのだろうが、これは日本だけの現象ではない。

　イギリスのリサーチ企業 YouGov がアメリカの NPO 団体である
「Victims of Communism Memorial Foundation」と共同で行った調
査では、16歳以上の2000人のアメリカ人に対して「資本主義に対して肯
定的か？」「社会主義の政治家を支持するか？」という2つの質問を投げか
けた。その結果、Z世代やミレニアル世代といった若い世代ほど資本主義
に対して否定的で、社会主義の政治家を支持する傾向にあることがわかっ
た。

　調査によると、ミレニアル世代の50％、Z世代の51％が資本主義に否
定的で、これは前年の調査に比べてそれぞれ8ポイントと6ポイント上昇し
ている。一方で社会主義の政治家を「とても支持する」と答えたミレニアル
世代は倍増。「どちらかといえば支持する」と答えた人々とあわせると、Z
世代は64％、ミレニアル世代は70％が社会主義の政治家を選ぶと答えて
いる。そして、世代が上がるほど資本主義を肯定的に捉える人が増え、社
会主義の政治家を選ぶ人が減ることもこの調査からわかっている。

図3-5　アメリカ・ミシガン州の世論調査

2020年米大統領 民主党予備選挙 出口調査 次のうちどの年齢層ですか？	支持する候補者	
	ジョー・バイデン	バーニー・サンダース
18〜29歳（有権者の16％）	19%	77%
30〜44歳（同22％）	42%	55%
45〜64歳（同43％）	64%	28%
65歳以上（同19％）	73%	21%

出所：『ニューヨーク・タイムズ』のホームページより抜粋　2020年5月13日現在

「Knock Down the House（邦題：レボリューション　－米国議会に挑んだ女性たち-）」というNetflixの番組で日本でも話題になった、若手女性政治家のアレクサンドリア・オカシオ・コルテス（通称AOC）などは、「民主社会主義者（democratic socialist）」として知られ、セーフティネットの拡充や公的保険制度の充実などを提唱している。また、同じく民主社会主義者の代表格であり、民主党の指名獲得争いでジョー・バイデンと激しく争っていたバーニー・サンダースは、図3-5のとおり若者世代から圧倒的な支持を集めている。

　これらの傾向には、多くの若者たちが多額の学生ローンを抱え、雇用も安定しないアメリカの現状も影響しているだろう。気候危機などもあり、仕事の面以外でも「普通のまっとうな生活」を送ることができないのではという未来に対する不安が募っている。一部の人だけに富が集中する資本主義の性質そのものが問い直されているのかもしれない。

　これがどうビジネスに影響するかと言えば、一部の成功者に富が集中するような仕組みや、経済成長を追い求め続けることへの支持は今後減っていく可能性が高いということだ。グレタ・トゥーンベリは、永遠に経済成長は可能だという考えを「おとぎ話」だと一蹴している。

「Instagram＋メルカリ」の次世代型倹約スタイル

　若者世代を象徴する新しい消費スタイル、「スリフティング（倹約）」を紹介しよう。

　昔から「古着」や「ユーズド」の商品は一定層のファンがいたが、Z世代の間ではそれらはメインストリーム化している。また、それが単なる買い物の方法ではなくライフスタイルそのものになっているのが興味深い。

　Z世代が倹約に興味を持つようになったのは、この世代がリーマンショッ

クの最中の2007〜2009年に思春期を迎えたことも関係しているのだろう。この世代にとって、安価な方法でファッションを楽しむのは理にかなっているのだ。

　しかし、スリフティングの魅力は価格の安さだけではない。ミズーリ州セントルイス出身の19歳、ハンナ・バレンタインは、スリフティングは環境配慮や気候変動対策といったまったく別の価値を持っていると語っている。「わたしがスリフティングをするのは、捨てられてしまう衣類を救う手助けをしたいから」[16]。

　彼女のようなZ世代の多くは、オンラインマーケットプレイスである「Depop」(1500万人のユーザの90%がZ世代であり、同世代に爆発的な人気を持つ) を利用している。

　Depopは買いやすさや手軽さなどのUI以上に世界観を重視しており、メルカリなどのフリマアプリというよりも、InstagramなどにUIが近い。
　ユーザはお気に入りの他のユーザをフォローし、そのユーザが販売するものをフィード形式で閲覧することができる。

Instagramにも近いDepopのUI

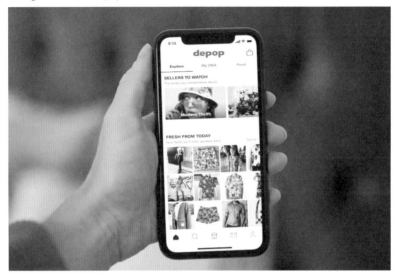

資料：Gabby Jones / Getty Images

　ユーザは、自分のアカウントへのフォロワーが増えることで、自分の買い物や好みのセンスが他の人からも受け入れられていると感じる。ハンナ・バレンタインも「スリフティングが、自分の活動が世界にポジティブな影響を与えることを教えてくれた」と語る。それは、より生産的で意義のある新しいライフスタイルへの入り口にもなっているのだ。

　こうした価値観の変化と、Z世代に人気のSNSプラットフォームの関係も見過ごせないだろう。多くの若者に人気のTikTokでは、ハッシュタグ #ThriftStore の再生回数は9270万回、#Secondhand の再生回数は9080万回にも上る。彼女ら／彼らはこうしたアプリを通じてファッションが環境に及ぼす悪影響について学んでいる。

　2019年のデータでは、Z世代の46%が中古品の購入をしているが、これはミレニアル世代の37%、X世代の18%に比べてはるかに多い。その

市場規模は240億ドルで、過去3年間で伝統的な小売業の21倍の早さで成長している。SNSなどを介したコミュニケーション、芽生えつつある新しい消費スタイルと価値観、そして新たな企業の参入などで、スリフティングをめぐるランドスケープは大きく変わっていくことになるだろう。

「他者が完璧になるのをサポートする」欲求

　ここで一旦、ミレニアル世代やZ世代を離れ、広く社会全般の消費トレンドを見てみよう。

　消費者が欲するものがより無形化、脱物質化するというトレンドは以前から存在した。ただ、従来の「モノからコトへ」という文脈と現代の状況が異なるのは、「コト」は旅行など特別なイベントに関するニーズや消費を表していたが、今はそれらがもっと日常生活に染み出してきている点だ。
　こうした日常生活の中での脱物質化は金銭的豊かさを必ずしも必要としない。センス（ファッションセンスがいい、のような見た目に関するものでなく、考え方、選ぶ映画や漫画のコンテンツなど）や、社会に対するスタンスこそが重要視されるようになった結果、社会的地位は、金銭的な富とはリンクしなくなったと言い換えてもいいだろう。むしろ、社会的地位は、その人のスタイルやスタンス、健康に対する考え方、倫理意識、社会的影響力、環境保護などへの姿勢とリンクしている。

　また、その延長で「自分が完璧になる」ではなく「他者の自己実現をサポートする」という新しい消費者のニーズも芽生えてきている。これはマズローが5段階欲求（最上段が自己実現）の先に晩年に付け加えたとも言われている「自己超越欲求」ともリンクする。

図3-6　晩年、最上段の「自己超越欲求」が追加されたとも言われる「マズローの5段階欲求」

自己超越欲求

自己実現欲求

承認欲求

社会的欲求

安全欲求

生理的欲求

出所：マズローの5段階欲求をもとに筆者作成

　また、そうしたあり方を、消費を通じて実現する、というのが消費者の新たなモチベーションだ。それに呼応するように、企業やブランドも、遠くの他者を助けるためにサステナビリティに配慮したり、人道的な生産プロセスへの配慮をしたりといった取り組みをマーケティングや広告で積極的に打ち出し、ブランディングの一手法として活用するようにすらなっている。

　生活者がブランドと心理的つながりを作るのは、「自分がどういう生活者であるべきか」に対する提案があったときであり、そこには必ずしも物理的商品の消費は伴わなくてよい。
　消費者は今や社会主義を求め、倹約的で、社会正義を唱える。
　消費者は、物を買う存在というより「シティズン（市民）」化したと言ってもいいだろう。これからの消費者は、知識と教養、意思と行動力がある主体であり、「消費」という行動に「消費以上の何か」を求める存在だ。企業やブランドは、こうした「意義化」した新たな消費者像を念頭に入れなければならない。

新たな資本市場の誕生

　企業が対応しなければならないのは、消費者だけではない。資本市場も、企業にパーパスをより経営の中核に据えるよう変化を要請している。

ESGへの圧力

　約900兆円を超える運用総額を誇る世界最大の資産運用会社であるBlackRock。バイデン米大統領が、国家経済会議（NEC）委員長にブライアン・ディーズ、財務副長官にアデワレ・アデエモの2名を指名したが、両名ともBlackRock出身であり、財界のみならず政界にも影響力があることがうかがえる。

　2章でも触れたが、2018年、BlackRockのラリー・フィンクCEOは年始の投資家へのレターで、「気候変動が会社の投資決定の主要な焦点になる」と述べた。加えて「ESGやパーパスが今後非常に重要視され、今後はその方針に則って投資対象の大幅な入れ替えも行っていくこと」とも明言した。

　これは投資先へ行動規範の変更を迫る、非常に大きなメッセージでもあった。世界最大の資産運用会社が投資資金を引き揚げるということは株価に大きな下方圧力がかかることを意味する。投資を受けている企業は対応せざるを得ない。

　2020年7月には、BlackRockは気候変動に対する取り組み基準を遵守していない200社以上に実際に通知を行ったと発表している。その中には、石油メジャーのエクソンモービル、シェブロンなどのエネルギー関連企業や、自動車メーカーのダイムラーやボルボが含まれていた。これらの企業には、「気候関連財務情報開示タスクフォース（TCFD）」（金融市場が気候変動の影響に関する包括的で透明性の高い情報を必要としていることか

ら、各国の金融関連省庁と中央銀行からなる金融安定理事会により設立されたタスクフォース）の勧告を遵守し、SASB（サスビ、サステナブル会計基準審議会）の情報開示基準に沿ったサステナビリティ報告書を作成するよう促している。今後、そうした改善がみられない場合には2021年の株主総会で取締役の解任を要求するなど、強いメッセージがすでに打ち出されている。

実際、エクソンモービルはBlackRockら環境保護主義的な投資家の圧力を受け、環境保護に配慮した技術への投資や、採掘時の温室効果ガス排出の削減を進めるなど、さまざまな対策を取る方針を示した。こうした動きは、BlackRockの圧力への「屈服」とも表されている。

こうした影響は、日本にも及んでいる。

2020年、長年、商社業界でトップに君臨していた三菱商事の時価総額を伊藤忠商事が抜いたことが話題になったが、これも、三菱商事が売上や利益において環境への負荷が高いエネルギー関連事業の構成比率が高かったことが投資家サイドに敬遠されたと見る向きもある。

短期的な業績を重視「しない」証券取引所

投資家が個別に圧力をかけるだけではなく、企業全体の行動原理を変えるような新しい証券取引所を作ってしまおう、という動きもある。

スタートアップ界隈ではバイブルと仰ぐ人も多い『リーン・スタートアップ』の著者でもある連続起業家のエリック・リースがCEOを務めるLong-Term Stock Exchange（LTSE）が、証券取引所の新設をアメリカ政府に申請し、無事に承認されたのだ。

アメリカの証券取引は、長らくニューヨーク証券取引所やナスダックに支配されてきたが、実は、2016年に高頻度取引の排除を掲げるIEX（Investors Exchange）が新設されるなど、新しい取引所ができること自

体は珍しいことではない（LTSEはアメリカで24個目の証券取引所）。

　LTSEがユニークなのは、「Long-Term（長期）」という名前のとおり、より長期の投資にフォーカスしている点だ。

　LTSEには「long-term voting rights」という「より長い期間株式を保有しているほどより多くの議決権を持つ」仕組みがある。従来の資本市場は株式を保有している期間と議決権は連動していなかったため、短期間でも株式を保有しさえすれば保有株式数と連動して議決権を保持することができ、短期的な利益を狙う意思決定を後押しできるという課題を抱えていた。

　また、サステナビリティ、ダイバーシティといったガバナンス指標を重視する企業を積極的に取引所に誘致し、さらには、そうした指標の充実度や改善度によって投資家が投資判断をできるよう、企業側に情報開示を促している。

　LTSEは、上場企業に対し、5項目から成る「原則（Principles）」を策定しており、LTSEでIPO（新規株式公開）を行う企業に対しては、それらの原則への対応方針を公表することを義務づけている。

図3-7　参考：LTSEの5原則

1	長期志向の企業は、幅広いステイクホルダーに配慮と、それらがそれぞれの成功のために果たす重要な役割を考慮に入れなければならない。
2	長期志向の企業は、成功を年単位、10年単位で計測し、長期的な意思決定を重要視しなければならない。
3	長期志向の企業は、執行役と取締役の報酬を長期的パフォーマンスと連動させなければならない。
4	長期志向の企業の取締役は、長期的戦略の策定に従事し、その遂行を監督しなければならない。
5	長期志向の企業は、長期保有株主との対話を行わなければならない。

出所：LTSEのHPをもとに筆者作成

107

2章で紹介したユニリーバのポール・ポールマン元CEOは、自主的に四半期開示を廃止し投資家との間に大きな摩擦を生んだが、LTSEでは取引所全体で10年単位の戦略や方針を重視し、企業に対して長期的な視点での意思決定を促す方針だ。

　また、CEOの報酬も長期的な業績と連動させるよう奨励しており、証券取引所全体でインセンティブ設計の工夫をしている。

　2021年6月には、ワークマネジメントツール開発を行うAsanaと、通信機能APIを提供するTwilioという2つの企業が、すでに上場しているニューヨーク証券取引所に加えてLTSEにも上場することが発表され、LTSEにとって初となる参画企業を迎えることになった。

　LTSEには、シリコンバレーで非常に大きな影響力を持つネットスケープ創業者で投資家のマーク・アンドリーセンや、テスラ、YouTubeなど名だたる起業家を排出したペイパルの創業者のピーター・ティールのFounders Fundも投資する。マネー資本主義の矯正を証券取引所というプラットフォームを通じて行うという、クレバーな社会実験とも言えるだろう。

「資本主義は死んだ」時価総額20兆企業の宣言

　仕組みの変化を待たずして、自ら問題提起をする企業も現れている。

　Slackの買収などでも話題になったSalesforceの2021年1月時点での時価総額は約20兆円であり、日本最高額のトヨタ自動車と同程度の規模を誇る。マイクロソフトの対抗馬に挙げられるほどの巨大IT企業だ。そのSalesforce創業者のマーク・ベニオフが「私たちには新しい資本主義が必要だ」という論考を『ニューヨーク・タイムズ』紙に寄稿[17]し話題になった。長くなるが、以下に要約を紹介しよう（太字は筆者による）。

　　もちろん資本主義そのものの否定なんてできない。事実、そのシ

ステムの中で、Salesforceは何千億円もの利益を上げ、マーク・ベニオフは世界有数の大富豪になった。しかし、もうはっきりさせた方がいい。**資本主義は死んでいる**のだと。

ここ数十年の資本主義は常軌を逸した方向に発展している。株主価値の最大化にばかり焦点が当たり、現在、世界のトップ26人の資産総額は、下位38億人の資産総額と同じレベルだ。アメリカに限っても、上位0.1%の人が国全体の富の20%を握っている。多くのアメリカ人は緊急時に400ドルを払うことができないにもかかわらず。

そして、企業は二酸化炭素の排出を無尽蔵に続けることで、地球を危機的なレベルに追いやっている。

もちろん利益は重要だが、それ以上に社会も重要だ。今こそ「新しい資本主義」が必要となっている。公平で、平等で、持続的な資本主義だ。それは、**社会からむしり取るのではなく、逆に社会に還元し、ポジティブなインパクトを社会に与えていく**。具体的には、以下のようなものになるだろう。

まず株主だけでなく、従業員や顧客の利益を第一に考えること。全ステイクホルダーへの責務を含む「企業のパーパス」を、企業活動の最上位に置く。

次に期待されるのは、政府やSEC（証券取引委員会）が上場企業に規制をかけていくこと。しかし悲しいことに、すべての企業リーダーたちがこれに賛同したわけではない。「企業の社会的責務についての規制やゴール、ルールを定めるのは政府の役割だろう」というわけだ。しかし、政治が機能不全に陥っている今、多くのアメリカ国民が、**企業のトップこそが社会のチャレンジへの対応を主導すべきだと考えている**。従業員や投資家、**消費者は彼らと価値観を共有できる企業を探そうと躍起になっている**。政治の

対応を指をくわえて待つべきではないのだ。

加えて、男女の賃金格差解消のための「Equal Pay Act」は何年も政府内調整で足踏みしている。現在、同一労働に対して、女性は平均して男性の80%しか得られていない。Salesforceでは社内の男女間の賃金格差に対応するために約10億円を使った。そして、実際に賃金平等が実現されているかを確認するために毎年の監査まで行っている。また、多くの企業にとって利益のコミュニティへの還元は二の次だろうが、Salesforceでは、1%の株、時間、テクノロジーをコミュニティに還元することにしている。

「パーパスの優先は利益を削る」という反対意見もあるが、リサーチが示しているのは、より広いミッションを持ち、それを自社の活動と紐づけている企業は、競合を超えるパフォーマンスを発揮し、より早く成長し、より利益を稼ぎ出すという事実だ。会社の敷地の中だけで、取り組みを止めてはならない。**企業の成功こそが、コミュニティを潤し、社会をより正当なものとし、地球をより持続可能なものにする。**こうしたサイクルを回し始める必要がある。

ここでは、これまで触れてきたような、消費者が企業を支持するかどうかの志向の変化、また、社会にアジェンダを設定する者としての企業の役割などにも触れられている。加えて「パーパスは利益を削る」というパーパス懐疑論者へ反論もしながら、利益一辺倒ではなく従業員や顧客、コミュニティの利益を考えることが、これからの企業に必要だと述べられている。

マーク・ベニオフも、最初からこのように先進的な考えを持っていたわけではない。自営業を営む父の働き方にいつも触れていた彼の若き日の原体験や、従業員とのやりとりから生まれた男女の賃金格差をなくすEqual

Payという考え方、LGBTQ＋への対応、ソーシャルアクティビズムという新しい潮流との出会い、ホームレスなどの社会問題へのアクションなどを日々の経営の中で試行錯誤し、時に大きく失敗しながら取り組んできた。Salesforce創業からの軌跡を描いた著書『トレイルブレイザー』では、その様子が細かく描写されている。

　時価総額20兆円を超えるSalesforceが、ソフトウェア業界でよく言われる「Winner Takes All（勝者総取り）」という成功のプリンシプルに異を唱え、社会に広く利益を還元すべきだ、と唱えているのは興味深い。

　シカゴ大学経済学部教授でノーベル経済学賞を受賞したミルトン・フリードマンは、1970年に『ニューヨーク・タイムズ』への寄稿[18]で「企業の社会的責任は利益を増やすことにある」と断言した。これは、後に全世界に影響を与えることになるアメリカの株主利益第一主義を確立した記念碑的論文と考えられている。

　それから約半世紀後に、経済学者でなく実業家のマーク・ベニオフが、同じく『ニューヨーク・タイムズ』への寄稿で新しい資本主義を唱えたのはとても象徴的だ。フリードマンの論考以降、半世紀にわたって跋扈してきた「株主資本主義」は転換期を迎えつつあると言える。

4章 ── パーパス起点のビジネスのあり方

これまで紹介してきたように、パーパス起点のビジネスは、株主価値の最大化を重視しつつも、多様なステイクホルダー全体の繁栄を強く意識したものとなる。「そもそも何のためにビジネスを行うのか」という根本の前提条件が、大きく刷新されている。

「自社が儲かるビジネス」と、「従業員も喜びを得られるビジネス」のかたちは違う。「明日儲かるビジネス」と「100年後も儲かるビジネス」のかたちは違う。「自然から資源を収奪するビジネス」と「自然から得られる資源と利用する資源がバランスするビジネス」は違う。ビジネスの目的とそのあり方が大きく変革していくのだ。

この4章では、そのようなパーパス起点のビジネスは既存のビジネスのあり方とはどう異なるのかを、ビジネスモデルやコミュニケーションなどにフォーカスして紹介したい。

「作って、売って、終わり」から「ループ型」へ

日本では長らく自動車や電子機器、アパレルなどの「メーカー」が大きな存在感を発揮してきた。

もちろん、メーカーの役割は依然として重要であり続けるが、これからは、メーカーの本質であった「作る‐届ける」という行動様式はアップデートが求められるだろう。

前章で見たとおり、消費者は毎年何億着もの衣類を焼却処分するアパレル業界に抗議をしたり、ヨーロッパでは電子機器メーカーに対して「Right to Repair（所有するすべてのモノの内部を開いて、触り、修理できる権利）」を求めたりするなど、企業はもはや「作って、売って、終わり」では許されず、より大きな社会的責任を課せられつつある。今後、メーカーは、製造・販売だけではなく回収までを視野に入れて自らのバリューチェーンを

捉え直すことが求められていくはずだ。

　たとえば、パタゴニアは早くも2005年から製品の回収を始め、これまで累計で82トン相当の衣類を回収した。かつて、パタゴニアのこうした活動は異端として紹介されていたが、こうした活動はアパレル業界のスタンダードとなりつつある。現在、ZARAやユニクロ、H&Mなどグローバルの大手アパレル企業は、こぞってその背中を追っている。

　環境へのインパクトを考慮し設計されたビジネスは「サーキュラーエコノミー」とも呼ばれている。回収以外にも、いくつかの手法を紹介しよう。

①生産の適正化

　たとえ「回収」しても、店頭回収などではなく配送を行えばその過程でCO_2が排出されるし、アップサイクル（回収した商品に手を加え、より価値の高い商品をつくること）すれば手間とコストがかかる。生産を適正化し「つくりすぎ」をなくせば、そもそもこれらのコストは発生しない。

②リペア

　IKEAは2030年までにすべての製品をユーザがリペアできるようにデザインすることを目指すと公言している。また、パタゴニアは、繊維の摩耗よりジッパーが壊れるほうが早いことに気づき、繊維を傷めずにジッパーを交換できる製法に変えた。今後はリペアだけでなくリペアのスキル伝達なども新しいビジネスになっていく可能性がある。

③シェア型のモデル

　Airbnbは家をつくらず、Uberは車をつくらない。シェア型モデルの本質は、テクノロジーを活用した需給マッチングにより余剰資産を活用することで「追加の製造を不要にする」点にある。現在はシェア事業を行う企業とシェア用のアイテムを提供する企業は別であることが多いが、ホンダが自身で「EveryGo」というカーシェアサービスを始めているように、今後はメー

カーとシェア事業者の垣根がなくなるような事例も出てくるはずだ。

　今後、上記のようなサーキュラーエコノミーが主流になっていく中で、消費者との接点もより長期化していく。もちろん、サービスや業界によっては例外もあるだろうが、「購買」の瞬間に焦点を当てて消費者体験を作りこんでいたこれまでのスタイルから、カスタマージャーニーの中に数多くの顧客体験のタッチポイントを組み込んでいくスタイルへの転換が求められていくだろう。

複線化する課金ポイント

　家具大手のIKEAも大胆なモデルに挑戦している。

　IKEAは2019年、「都市はもっと住みやすく、サステナブルで、安く住めるべきである」をコンセプトとしたサブスクリプション型住居をつくる「The Urban Village Project」を発表した。

　「Co-living」をエリア全体のコンセプトとし、日中の保育や共同食堂、乗り物のシェアシステム、都市型農業を備えたコミュニティを設計する。この構想が先進的なのは、住民が家を購入・所有するのではなく、代わりに株式のような「共有権」を毎月購入し、水や電気、暖房、共有設備の利用といった最低限のサービスを受けられるようになっていることだ。食べ物や乗り物、保険、レクリエーションといったサービスは追加料金を払うことで受けられるという。

　まだ構想段階だが、この「The Urban Village Project」はIKEAの「2030年までにすべての製品がリユース、修理、アップグレード、リサイクル可能になるよう設計されたサーキュラーカンパニーになる」という野心的なビジョン実現に向けての一歩と言えるだろう。

　IKEAは、既存の作って終わりのビジネスモデルからさまざまな形で脱出しようとしている。オランダでは、大学生に新しく生活を始めるための家具

一式をレンタルする実験的取り組みが始まり、オーストラリアや日本でも、古い家具を店舗に持ってきてくれた顧客にクーポンを渡す取り組みがスタートしている。

　前述のとおり、ロンドンの店舗では顧客に家具などの修理技術を教える「learning lab」が設置された。

　スウェーデンの店舗では、レタスを栽培している。再生可能エネルギーで電力が賄われるLEDライト、食料廃棄から作られる肥料や節水システムなどを使い、サステナブルな方法で栽培が行われている。サーキュラーの枠組みを食の分野にも適応しようとしている興味深い取り組みだ。

　こうした取り組みを見てみると、単なるリペアやサブスクにとどまらず、リペア方法のレクチャーなどの提供、修理用の道具の販売、家具版メルカリのようなC2C販売を仲介するサービスなど、これまでの「メーカー」のあり方をはるかに拡張するような新たなビジネスモデルの可能性も見えてくる。

IKEAが発表した「The Urban Village Project」のイメージ画像

資料：IKEA提供

決してあなたのものにならないシューズ

　「On」というスイス発の新興スポーツシューズブランドも、新たなビジネスモデルを確立しようとしている。

　このCyclonというランニングシューズは「決してあなたのものにならない」。月々3380円のサブスクリプションで「利用」することが前提となっており、シューズが傷んだ場合は返送し、新品と交換してもらえる。返送されたシューズは新しいシューズの素材として再利用される。

　Onの取り組みは、環境に配慮して、サブスクリプションの申し込みが一定の数に達しない地域ではビジネスを展開しないという点がユニークだ。製品の配送時には大量の二酸化炭素が排出されるため、数量の少ない地域への配送をしないことによってカーボンフットプリントを削減する意図だという。

返送すれば新品と交換されるOnのサブスクリプションサービス

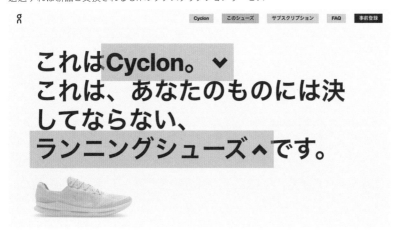

資料：On提供

1章の「『意義化』する経済7つの変化」では「『人間中心』から『地球中心』へ」という潮流を紹介したが、ユーザへの不便を強いてまでも環境配慮を重視するOnのこの仕組みは大きく注目され、称賛されている。

　さらにこの仕組みがユニークなのは、発売の1年以上前から申し込みを受け付け、ユーザと積極的なコミュニケーションを図ってきた点だろう。実際に、このシューズの先行予約をすると、専用のニュースレターが届き、その開発背景や開発の進捗などを確認することができた。

　ビジネスがループ型になることで、消費者とブランドの新しい接点はこれから劇的に増えていく。

　OnやIKEAの例では、サブスクリプションやリペアなどループ型を前提とした新たなビジネスモデルが、サステナブルな配送、製造方法の確立などへの姿勢とセットになり、かつユーザにその思想が丁寧に伝えられている。
　これまでのビジネスが「作って、売って、終わり」という単線型だったとしたら、消費者と心理的につながり、消費者と企業の間でモノがループし続ける時代においては、その円環の中で複数の課金ポイントを構築していくようなビジネスモデルが立ち上がっていくだろう。

企業としての取り組みを丁寧に顧客に伝える On

望ましい素材

当業界で使用される材料は、環境フットプリントの最大80％を占めていることが明らかになっています。そのため、Onでは使用素材の改善を最優先事項にしました。

CO2と気候変動

気候変動は真の脅威です。世界のGHG（温室効果ガス）排出量のおよそ10％は、アパレル＆フットウェア業界が占めています。私たちは、GHG排出量削減に貢献できると考えています。

循環性のある製品

私たちの製品の未来は循環的なものであると信じています。埋立地で終わりを迎えるのではなく、無限ループの中で生き続けるCyclonランニングシューズのような製品をデザインしていけるよう、努力を重ねています。

Cyclonについて

資料：On提供

プロダクトからプロセスへ

これまでのビジネスは、消費者の課題にいかにクリエイティブかつ効率的なソリューションを提供できるかが重要だった。生活者への観察・インタビューと共感を起点にするデザイン思考などはその典型だろう。

しかし、消費者は企業に商品を作ることだけでなく、社会課題に挑むことをも期待するようになる。より広範で規模の大きい社会課題に挑むにあたり、「プロセスを一緒に歩む」という要素も、今後はビジネスに付加されていくだろう。

植樹のプロセスを可視化し、顧客を巻き込む

オーストラリアにカメラレンズに取り付けるフィルターや、レンズカバーを扱う「URTH」というブランドがある。
URTHはそのミッションを、

> 創造性を解き放つプロダクトをデザインし2032年までに10億本の木を植える
> (Our mission is to design products that spark creativity so we can plant 1 billion trees by 2032.)

と設定している。
URTHは、取り扱っている製品だけを見れば、単なる「カメラの周辺機器メーカー」とも捉えられかねない。しかし、URTHは写真撮影を「人と自然がつながりを深める行為」と考え、売上の一部を森林再生などに充てる活動を行っている。そして、URTHのユーザは、製品を購入する、ニュースレターに登録する、などブランドとインタラクションをするごとに植樹に貢献できる。

URTHは写真を「人と自然がつながりを深める」ためのツールと捉える

ニュースレター登録や購入など、ブランドとのインタラクションごとに植林の数が加算される

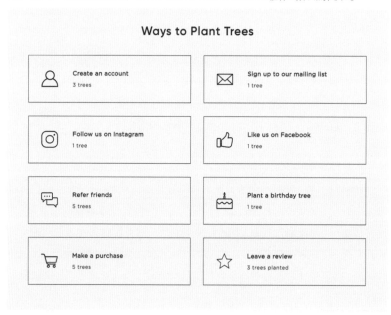

資料：URTH提供

URTHは、ネパール、ハイチなどの植樹のプロジェクトをサポートしているが、ユーザをコミュニティの一員と見立て、また、プロの写真家をアンバサダーとして任命し、共同でこのミッションに取り組んでいる。

ユーザのマイページからは、自分の購買が累計何本の植樹に貢献したかについてのイラストレーションも記載されており、自分の消費活動がより大きな意味を持っていることがユーザにわかりやすく表示されている。

URTHのマイページ。自分が累計何本の植樹に貢献したかわかる

≡　　　　　　　　　　**URTH**　　　　　　　　　　🛒¹

Welcome, Yasuhiro

YOU'VE PLANTED 4 TREES
and reduced CO2 offset by 1.23 tonnes

Plant 21 more trees to travel up a tier

[01]
Air

+ 15% off next purchase

[02]
Water

+ 5% off store wide for a year
+ Bonus 5 trees planted

資料：URTH提供

過激なまでの透明性

URTHだけではない。

拙著『D2C』でも紹介した、アメリカのアパレルD2C企業のEverlaneの提唱する「過激なまでの透明性（Radical Transparency）」は、普通であれば消費者に積極的に開示しない情報までも消費者に共有するという、同社の企業姿勢を表したフレーズだ。

EverlaneのECサイトでは、すべてのアイテムの材料費や配送費、工賃などの製造原価の詳細を明らかにしている。またどの工場で何をどのように作っているかについて詳細に紹介した記事も、同社のECサイト内に存在する（同社の店舗には、工場の様子を聴くことができるヘッドフォンまで設置されている）。

Warby ParkerやAwayなどアメリカを代表するD2C企業のPR支援を多く手掛けるDerrisの創業者であるジョー・デリスは、これからのブランドに必要なのはパーパスである、と言い切った上でこのように続ける。「一時的な目的や偽りの目的はすぐに消費者に見破られます。マーケティングに偏り過ぎた目的も、消費者の心には響かない。消費者が望むのは、彼らが関わるブランドとの真の意味での"つながり"です」[19]

仕事だけで知り合う人と絆やつながりを感じるのが難しいように、お仕着せの言葉や姿だけを表現するブランドと「真のつながり」を築くのは難しい。消費者は「結果」だけでなくブランドやメーカー、企業の「プロセス」や「内情」「スタンス」を知ることで、信頼できる相手を見つけ、その相手と長い関係を築きたいと考えている。だからこそブランドは、消費者との垣根をなくし、絶え間ないコミュニケーションを繰り返しながら、自らもコミュニティの一員として振る舞い続けることで消費者の信頼を獲得していくことが必要となっているのだろう。

たとえば、Everlaneは自ら掲げた気候変動に対する目標とそれに取り組むプロセス、進捗状況すらもすべて公開している。

　Everlaneは、2018年に、パッケージや梱包材などにサプライチェーンで使用するバージン・プラスチック（再生プラスチックでなく新品の素材だけを使って製造したもの）を2021年までに全廃すると公表していた。宣言の1年後には、サプライチェーンから75％のプラスチックをなくし、2021年初頭には、プラスチックの90％削減を達成した。トートバッグからダウンコートまで、サプライチェーン上の45種類の素材を非プラスチックまたは再生プラスチックに切り替えたが、それは900万本以上のペットボトルに相当する量だという。こうしたプロセスは、投資家向けレポートやCSRページではなく、消費者との主要な接点であるInstagramを通じてコミュニケーションされた。

　Everlaneは残り10％の達成が難しいということも言及し、至らない面も含めて消費者をはじめとしたステイクホルダーに対し、内情を積極的に公開している。この姿勢は、同社が消費者をどのような存在として捉えているかの表れであろう。
　なお、付記しておくと、Everlaneは労働組合の組成を妨げるような行動が明るみになったことで一部からバッシングを受けている。一方で、同社は従業員やサプライチェーンなどに対して人種差別撤廃への取り組みや、サプライチェーンへのサポートなども積極的に行っており、総じて消費者以外のステイクホルダーに対してもパーパス起点の取り組みを行っているとも言える。

　昨今、企業の意思決定プロセスや製造背景などをオープンに開示するなど「透明性」が非常に重要だと叫ばれているが、URTHやEverlaneの例は、「プロセス」そのものが価値になっていくことを表すものと言えるだろう。
　これまで企業にとっては高機能の製品を作ること（What）、それをよりよ

い顧客体験やメッセージを通じて届けていくこと（How）が重要だったが、これからはパートナーとして信頼に足る人物（Who）か、自分と同じ価値観（Why）を持っているかがとても重要になっていく。

コミュニケーションのゴールは バズではなくなる

　顧客との関係が長期化する時代においては、企業と顧客のコミュニケーションも、必然的に変化を迫られていくことになる。

　こちらも前著『D2C』で触れたが、2010年代以降に登場した新しいブランドは、スーツケースや髭剃り、マットレスなどコモディティに近いプロダクトを提供しながらも、InstagramなどのSNS、ときには雑誌やリアル店舗などさまざまな形で世界観を表現し、プロダクトの機能以外の点でも消費者からの支持を集めている。

　しかし、昨今はこうした世界観を通じた差別化も難しくなってきた。Instagramでは似たり寄ったりのブランド表現が投稿され、これらは「Branding」ならぬ「Blanding（Blandとは「面白味のない」「無感情の」「口当たりがよい」といった意味がある）」と揶揄されるようになっている。

　また、最近はビジュアルに「リアリティがない」ことも消費者の支持を失う1つの要因となっている。Instagramで「映える」ような、ミニマルで生活感がないようなインテリアやファッションは、「虚飾的な世界」とみなされ、ときに批判の対象にもなる。

　理想の世界観を表現するだけでは支持が集まらなくなった時代に、企業やブランドは何をどのように伝えていく必要があるのだろうか？

「花火」よりも「波」を目指す

　これからのコンテンツ作りのポイントは「Authenticity（真正性）」だ。それを語るに足る専門性があるか、過去の活動との一貫性があるか、などが評価されるようになっている。BLMのときには、ナイキですら、企業幹部の有色人種比率の少なさが激しく批判されていた。

　長期的関係を前提にしたコミュニケーションが求められる時代に、「化粧をした顔」を顧客に見せ続けることは不可能だ。いくら現代の文脈に合ったメッセージを上手に発しても、そのメッセージに嘘や装飾が混じっているとすぐに見抜かれてしまう。

　これから、企業は飾られた面だけでなく「すっぴん」に近いような面も含めて、ありのままの顔を顧客に見せていく必要がある。

　また、これからは「バズる」ことや一時の流行ばかりを追いかけないことが重要となるだろう。

　現在でも、卓越したクオリティの広告が瞬間的に大きな話題になることはある。しかし、店舗や、店舗内の接客、SNS、Eメール、ECサイトなど、デジタルとリアル両方で多様な顧客接点を構築することができる現代においては、瞬間的に盛り上がる「花火」的アプローチよりも、絶え間なく顧客にコンテンツが届き続ける「波」的アプローチのほうが、よりその企業の「Authenticity（真正性）」を確実にユーザに届けることができる。

　これまではモノを売るために手段としてコンテンツが存在したが、今後はつながりそのものが事業のコアアセットになっていくため、事業におけるコンテンツ制作の重要度が上がっていく。しかし、現代的なコンテンツ制作とは、SNSなどでユーザデータをトラッキングしながらパーソナライズしたコンテンツを届けていく、ということでは必ずしもない。

　先述の「テックラッシュ」という言葉にも表現されているように、トラッキングやユーザデータの過度な活用がインターネットへの中毒性につながると

いう批判も多くなっている。これまで重視されてきたパーソナライズ、あるいはバズなどの観点に加えて、これからはいかに自分たちが真摯に活動しているかを見せていく必要がある。

　本質的に、競合が絶対に真似をできないのは「我々は誰なのか」ということだ。What（プロダクト）やHow（ブランドやユーザ体験など）はコピーされる可能性があるが、Who（誰がやっているか）だけはコピー不可能だ。企業が伝えるべきは「我々は誰なのか」であり、その中心にこそ、パーパスが置かれるべきだ。

カスタマージャーニーの「後半」がより重要に

　パーパスが重要になったとはいえ、顧客との最初のコミュニケーションでパーパスを訴求することは難しい。顧客にとっては価格やカラーバリエーションなどが重要であることはまだまだ多い。

　だからこそ、カスタマージャーニーの後半のコミュニケーションがより重要となるだろう。うまくパーパスを訴求するためには、顧客を店舗に呼び込むための広告やPRなど、コミュニケーションやブランド表現には変更を加えず、顧客を呼び込んだ後にパーパス的表現を提示する手法が有効となる。

　たとえば、筆者（佐々木）は、ナイキのECサイトでなにげなく商品を買ったとき、梱包ではなくビニール袋に入った状態で配達されて届き驚いたことがあったが、環境配慮的な観点ではこちらのほうが妥当だと強く納得したことを覚えている。また、昨今はECの製品購入後のコミュニケーション（商品開封後のリーフレットなど）で自社の取り組みを詳細に紹介するところも増えてきた。

　Allbirdsはそのサステナビリティ的取り組みで支持を集めているシューズブランドだが、カスタマージャーニーの前半では、そのシンプルなデザイン

や履き心地、洗濯機で洗うことができるという機能性も十分に訴求している。一方で、店舗購入時には、紙袋は使わず、靴のボックスに靴紐を通されただけの状態で製品を受け取る。このときユーザは、否が応でも環境負荷の軽減に取り組んでいるブランドのこだわりを体感する仕掛けだ。これも、商品訴求時ではなく、カスタマージャーニーの後半にパーパス的文脈を組み込んだ好例と言えるだろう。

こうした取り組みの短期的な効果は計測しづらい。しかし、他社がもしそうした配慮の行き届かないプロダクトを提供していた場合、自社へのロイヤルティが相対的に向上することも期待できるだろう。筆者も、ナイキやAllbirdsの環境配慮の行き届いた梱包に触れることが増えて以降、過剰包装をするブランドに対して、その丁寧さは理解できるものの、ポジティブとはいえない感情を持つという心理的変化が起こっている。パーパス時代のビジネスにおいてはユーザとのあらゆる接点が重要な「コミュニケーション」となるだろう。

数値にならないものをビジネスに組み込む

パーパス起点のビジネスのあり方を考える本章の最後に、逆説的ではあるが、今までビジネスの外部にあったものをいかにビジネスに組み込むかについて触れておきたい。

多くの企業は、毎年各部署や部門ごとに予算を策定し、その進捗をトラッキングしながら管理しているだろう。そこに並ぶのは売上、シェア、成長率などの財務的な目標数値であり、そうした指標にインセンティブがつけられ日々の細かな活動が設計されている。

しかし、消費者がよいものを作る以上のことを企業に求める時代に財務的指標だけを追い求めていては、消費者の支持を失い、結果的にシェアや

売上を下げることになりかねない。

　だからこそパーパスを追う姿勢が重要になるのだが、ビジネスには「計測できないものは管理できない」というマントラがある。これからの事業プランニングや事業管理においては、パーパスを計測可能なものとして取り扱っていくことが不可欠だ。

　パーパスを多くの従業員や、取引先も含む関係者が自分ごととして取り組むには「心がけ」だけでは十分ではないし、ましてや年に一度の一部社員への研修などでも不十分だろう。

オープンソース化された「環境損益計算書（EP&L）」

　現在、いくつかの企業が試験的に、事業計画に環境配慮やジェンダー指数などの非財務的な社会便益のインパクトを組み込み、効果を上げつつある。売上予測と同様にCO_2排出量を予測したり、また、採用活動などを通じて、明確な数値目標に基づきジェンダーバランスを是正したりするなどの取り組みだ。

　たとえば、グッチ、プーマ、ボッテガ・ヴェネタなどを傘下に持つブランドコングロマリットのケリングは、環境損益計算書（EP&L =Environmental-Profit-Loss）という、自社の活動の環境インパクトも組み込んだ独自の損益計算書を2年かけて開発した。2015年にはそれをオープンソース化し、他社も自由に使えるようにしている。

　EP&Lは、森林や海洋資源の過剰な利用など、事業が地球環境に与えている負荷の数値（「環境フットプリント」と呼ばれる）を把握するために、CO_2排出量や水使用量や水質汚染、大気汚染などを測定し、それを貨幣価値に換算するアプローチだ。環境配慮型のビジネスモデルを作ったり、重要な意思決定をしたりする際のサポート材料として活用されている。

　また、ケリングは「ラグジュアリー・ファッションと環境問題」に関するア

イデアを競い合うハッカソン、「ハック・トゥ・アクト (Hack to Act)」をパリで開催し、オープン化したEP&Lデータをもとに新しいサービスを開発する取り組みも行っている。

非財務インパクトをどうビジネスに組み込むか

　非財務インパクトの指標は現在、多くのものが乱立しており、統一的なものはない。ここでは、2011年にジーン・ロジャースがサステナビリティ会計基準を開発するために設立した非営利組織であるSASB (Sustainability Accounting Standards Board) のマテリアリティマップを挙げておく。自社で取り組む際の指標として参考になるだろう。

　図4-1を見ればわかるとおり、自社の事業は多種多様な観点で評価することができる。たとえば「データセキュリティ」という項目がある。

　「どう収益をあげようか」を最優先に考えていると、収集した顧客データを目の前にして「どう効率的にターゲティングしようか」とばかり考えてしまう。しかし、もし「プライバシーやデータセキュリティへの配慮」が自社の事業の評価基準にダイレクトに反映されれば、どう顧客データを適切に保護し、安心してサービスを使えるようにできるか、また、もう少し踏み込んで、広告依存ではない新しいビジネスモデルを考えられないか、などと検討を深めることもできるだろう。

　綺麗事や絵空事にも聞こえるかもしれないが、テクノロジー企業がユーザデータを活用して広告ビジネスを提供することへの風当たりは強まる一方であり、これまでインターネットビジネスを牽引してきた広告モデルは、今後、大きく制限を受ける可能性が高い。パーパスは、こういったリスクに備えてより抜本的に自社のビジネスを見直す際にも役に立つはずだ。

図4-1　SASBマテリアリティマップ

課題分類	セクター	消費財	抽出物・鉱物加工	金融	食品・飲料	ヘルスケア	インフラストラクチャー	再生可能資源・代替エネルギー	資源転換	サービス	技術・通信	運輸
環境	GHG排出量		●		●	○	○	○	○		○	○
環境	大気質		●				○	○	○			●
環境	エネルギー管理	○	○		●	○	○	○	●	○	●	○
環境	水及び排水管理	○	●		●	○	○	○	●			
環境	廃棄物及び有害物質管理		●		○	●		○	●		○	
環境	生物多様性影響		●					○				
社会関係資本	人権及び地域社会との関係	○				○		○				
社会関係資本	お客様のプライバシー	○		○						○	●	
社会関係資本	データセキュリティ	○		●	○	○			○	○	●	
社会関係資本	アクセス及び手頃な価格			○		●				○		
社会関係資本	製品品質・製品安全	●			●	●						○
社会関係資本	消費者の福利				●	●				○		
社会関係資本	販売慣行・製品表示			●	●	●				○		
人的資本	労働慣行	○	○				○			○		
人的資本	従業員の安全衛生		●				●		○			○
人的資本	従業員参画、ダイバーシティと包摂性	○		○		○				○	●	
ビジネスモデル及びイノベーション	製品及びサービスのライフサイクルへの影響	●	○		○	○	●	●	●		○	○
ビジネスモデル及びイノベーション	ビジネスモデルのレジリエンス（強じん性）			○			○					
ビジネスモデル及びイノベーション	サプライチェーンマネジメント	●	○		○	○					○	
ビジネスモデル及びイノベーション	材料調達及び資源効率性	●			○			○	○		○	
ビジネスモデル及びイノベーション	気候変動の物理的影響			●			○					
リーダーシップ及びガバナンス	事業倫理		○	●		●	●			○		○
リーダーシップ及びガバナンス	競争的行為		○							○	●	
リーダーシップ及びガバナンス	規制の把握と政治的影響		○				○	○				
リーダーシップ及びガバナンス	重大インシデントリスク管理		●				○	○	○			●
リーダーシップ及びガバナンス	システミックリスク管理			●			○			○		

出所：SASBのWEBサイトより。和訳は三菱UFJリサーチ＆コンサルティング株式会社のものを参照

　また、ケリングのEP&Lでも言及されているが、ファッションは農業から始まり、アクセサリーは鉱業から始まる。原料調達や製造を他社に委ねている企業は多いはずだが、取引先も含めて自社の活動アセスメントを行えば、より大きな視点での自社の環境インパクトを把握し、改善に向けた取り組みにつなげることもできるだろう。

ただ、先に挙げたSASBの指標は、教科書的であり共感を呼ぶ要素がないという課題もある。そのため、経営者や社員を巻き込み議論し、自社で重視する項目を独自に設定し、その結果を公表している企業もある。

　たとえば、Netflixは #MeToo 運動の震源地となったエンターテインメント業界とも非常に近いこともあり、ジェンダーや人種の多様性に大きな関心を寄せている。2021年1月には、「従業員の多様性と包括性に関する報告書」（Diversity and Inclusion Report）を自主的に発行し、経営層、エンジニア組織などさまざまな断面で自社の人員構成をアセスメントした様子を公開した。

Netflixが提供する「従業員の多様性と包括性に関する報告書」（Diversity and Inclusion Report）

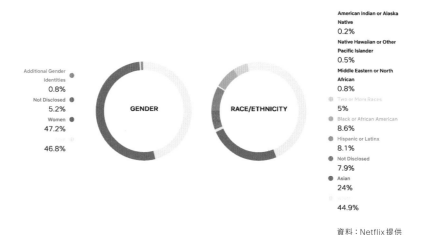

資料：Netflix提供

　Appleは、経営陣の評価に社会的、環境的な基準を設けて、そのパフォーマンスと賞与を連動させると公表した。詳細な計算方法は公開されていないが、Appleの教育、環境、多様性や包括性など6つのコアバリューと連動したものになると考えられる。

　イギリスでは、「英国コーポレートガバナンス・コード 2018」および「取

締役会の実効性に関するガイダンス」において、経営幹部の賞与インセンティブが企業の「長期的価値」に基づいて設計されるべきこと、また、評価指標として非財務・戦略指標を有効に活用することが明記された。イギリスの代表的な企業の1つであるBP（ブリティッシュ・ペトロリアム）も、二酸化炭素排出量の削減など複数の非財務的指標が役員報酬の業績評価に組み込まれている。

　ここまで挙げた例を見れば、業界や国を問わず「いかに稼いだか」だけではない、多種多様な非財務指標が存在感を増してきているのがわかる。
　今後は、どう社会課題の解決に貢献しているか、どう地球環境の改善に資する活動をしているかなどがさまざまな形で定量的に測られ、それをもとに企業と企業が比較されるようになっていくだろう。

図4-2　英米の大企業の短期インセンティブにおける非財務目標の導入率

出所：（イギリス）Annual Reportなどによるアーンスト・アンド・ヤング調査より
（アメリカ）Meridian Compensation Partners "2019 Corporate Governance & Incentive Design Survey"（2019）の調査対象企業200社より

5章 ── パーパスを規定する

4章で紹介したとおり、企業のこれからの活動は「作って、売って、終わり」ではなくなる。

今後のビジネスは、自社を中心に置き、自社だけの利益を追求するようなビジネスではなく、パーパスをビジネスの中心に据えながら、多様なステイクホルダーたちと一緒に、ある種のエコシステムを構築していくことが必要になる。

図5-1　パーパスを中心に置いた、多様なステイクホルダーのエコシステム

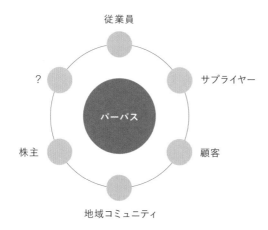

従業員

？　　　　　　　　　　サプライヤー

パーパス

株主　　　　　　　　　　顧客

地域コミュニティ

出所：筆者作成

パーパスは経営者が1人で規定するものでもなければ、天才的なクリエイターに提案してもらうものでもない。

パーパスは決めることがゴールではない。パーパスをもとに組織が動的に駆動することが真のゴールだ。そのためには、まずは組織の中の多様なステイクホルダー、そして組織の外のステイクホルダーとの対話を通じて、編み上げるようにパーパスを生み出す必要がある。構成員が「自分ごと」として議論を重ね編み上げたパーパスのみが、組織を駆動する力を持つ。

多くの人々の意思が反映されたパーパスは、ステイクホルダーの一人ひとりが信じることができる共有財となっていく。

4つのプロセス

　パーパス規定のプロセスは大きく次の4つの要素で構成される。

STEP1：自組織の探索
STEP2：社会の探索
STEP3：統合と言語化
STEP4：具現化

　パーパスは、自組織のDNAと社会からの期待が重なるところから生まれる。自組織の強みを一方的に述べるのでも、社会からの期待に受動的に応えるのでもない。これらの2つの要素をトレードオフとせず、統合し言語化することが重要だ。言語化ができれば、その概念を起点に、さまざまな形で具現化することができる（ビジュアル化や映像化、社内イベント、社内メディア、社外に向けた情報発信など）。

　「自組織の探索」では、組織内のステイクホルダーに対してインタビューを重ね、ワークショップを通じて鍵となる要素を抽出する。インタビューによって探索するのは、自組織の歴史的資産や強み・競争優位性、そして組織として大切にしている価値観などだ。
　自分たちのことは自分たちがいちばんわかっているようにも思えるが、いざ考えようとすると、時間をかけて考えたことがなかったことに気づくだろう。パーパスを規定するプロセスは、自分たちの組織のあり方をあらためて深く探索するきっかけになる。

　自組織の探索とともに大切なインプットは「社会の探索」だ。デスクリサーチやワークショップを通じて、自組織の周辺で起こっている社会の変化を捉え、要素を抽出する。多くの組織が最も苦手とするのがこの社会の探索だ。

旧来型の組織は、既存業務の効率化ばかりが重視され、外部環境の探索を疎かにしてきた。経済・社会が右肩上がりで成長してきた時代はそれでよかったのかもしれない。しかし、近年我々が直面しているのは変化と不確実性だ。

　組織の周辺には3つの種類の情報がある。1つ目は組織がすでに知っている既知のこと、2つ目は知らないことを認識している未知のこと、3つ目は知らないことすら認識していない未知のことだ。

　パンデミック危機がまさにそうだが、3つ目の知らないことすら認識していない未知が与えるインパクトは大きい。非線形の未来が断続して起きる現在には、知らないことすら知らない領域の情報にも積極的に目を向ける必要がある。

　自組織と社会の探索を終えたら、そこから抽出された要素を統合して、パーパスの幹となるコンセプトをつくる。そしてコンセプトをもとに、ステートメントを明文化する。それぞれ「コンセプト」はパーパスの幹となるキーワード、「ステートメント」はキーワードを数行で文章化したものを指す。

　このとき大切なのは、パーパスが多様なステイクホルダーの共感を呼ぶ大きなストーリーになっているかどうかだ。パーパスは自組織のためだけの「小さな船」ではなく、あるべき姿をステイクホルダーとともに目指すための、「大きな船」であるべきだ。

　パーパスの明文化ができたら、その世界をより多くの人々と共有するために、ビジュアル化や映像化などの形で具現化する。

　パーパスの規定が明確であれば、ビジュアル化もスムーズにいくだろう。逆にここで行き詰まってしまうようであれば、もう一度パーパスの明文化に立ち戻る必要がある。

図5-2　パーパスを規定するプロセスの全体像

自組織の探索　　　　　　　　社会の探索

統合と言語化

具体化

出所：筆者作成

プロジェクトチームをつくる

　パーパスの規定は、経営戦略の核に位置づけられる重要なプロジェクト
だ。そのプロセスにおいては、トップのコミットメントを起点に、プロジェ
クトチームを組成する必要がある。

　プロジェクトは3〜5人程度のコアメンバーが中心になる。加えて、組織
の規模が大きい場合は、各部署との連絡役を担うプロジェクトメンバーを
追加するのがよいだろう。プロジェクトメンバーの数は組織の大きさと複雑
さによるが、事業部門や地域に分散する事業拠点などから代表者が集まる
ようにして、プロジェクトメンバーが組織全体の「縮図」になるようにする。

　経営企画や社長室のメンバーが中心になりながらも、総務のIR担当者
や広報・マーケティング部門のメンバーも参加するべきだろう。

　パーパス規定プロジェクトは、組織のトップがオーナーシップを持つこと
が求められるため、コアメンバーは組織トップと直接やりとりできる位置づ
けで組成される必要がある。

　プロジェクトチーム全体で重要になるのが、ダイバーシティの観点だ。

パーパスの検討において必要なのは「多様なステイクホルダーの視点」と「長期的視点」の2つ。そのため、性別や出自、年齢などにおいて多様性を担保することが重要となる。引退を控えたシニアメンバーだけではなく、これから長期間にわたり組織と関わる若手もアサインするのが望ましい。

　外部視点の探索という観点から、外部の専門家をプロジェクトチームに加えるのもよいだろう。組織内では気づかなかった視点を提供してくれたり、ネットワークの紹介などにおいても貢献してくれたりするパートナーを選ぶとよい。外部専門家が入ると、プロジェクトのファシリテーションも円滑になる。

　パーパスの規定にかかる時間は組織の大きさと複雑さに左右される。スタートアップのように規模もそれほど大きくなく、組織の階層も複雑ではないところは数ヶ月の検討期間で十分だ。一方、組織の規模が大きく、インタビューの対象者や議論を共にするメンバーが多い場合は半年から1年ほどかかる場合もある。

STEP1：自組織の探索

　自組織の探索は、鍵となる関係者に対するデプスインタビューを行うことから始まる。では、誰に、どのようなことを聞いていけばいいのだろうか。
　デプスインタビューで明らかにすべき内容は、組織の歴史的資産、強み・競争優位性、大切にしている価値観だ。
　「歴史的資産」とは、これまで歩んできた時間の中で蓄積された、組織を特徴づける要素を指す。多くの場合、歴史的資産は組織の起源に眠っている。創業の精神や創業者の言葉などから、その組織がなぜ存在するのかのヒントをもらうことができるだろう（実例は、本書に登場した数々の企業を参考にしてもらいたい）。

「強み・競争優位性」とは、その組織が他の組織と比べて秀でている要素だ。競争優位性はその企業特有の資源（リソース）や能力（コンピテンシー）を探ることで明らかになる。自社の強みは社内のメンバーだけだと気づかないことも多い。外部専門家の視点はここでも活躍する。

　「大切にしている価値観」は、組織の行動規範やカルチャーに現れる。それらが明文化されていなくとも、組織がこれまで重要な局面においてどんなことを重視して意思決定してきたかに、自ずと組織の価値観は表れるはずだ。こちらも組織の中にいるとかえって価値観を客観的に見極めることが難しいため、適宜、外部の専門家の力を借りるとよいだろう。

　これらの点を明らかにするためには、誰に話を聞くのがよいだろうか。まず話を聞くべきはプロジェクトのオーナーでもある組織のトップだ。ただし、同時にトップの発言がそのまま採用されるわけではないことも心に留めておきたい。パーパスは関係者のフラットな議論から導かれるべきものであり、トップも関係者の1人にすぎない。

　トップに加えて、主な事業部門組織のリーダーにも話を聞く。特に大きな組織で性質の異なる事業を複数手掛けている場合、事業部門ごとに競争優位性や価値観は違うかもしれない。その他、経営企画や総務などのいわゆる本社・コーポレート部門の担当者にもヒアリングをしてみるとよい。特に広報やIRの担当者は、常に組織の外の人々と接する中で、組織のことを客観的に把握できていることが多い。

　デプスインタビューは対象者に対してプロジェクトチームのメンバーや外部専門家2〜3名で行うとよいだろう。1人が聞き役になって、1人が記録を取ることで、聞き役は質問の深掘りに徹することができる。時間は1〜1.5時間程度が適切だ。

　インタビューにおいては質問者のスタンスが大切だ。1回の質問だけでは、対象者は表面的なWhatやHowを答えてくるかもしれない。そのとき、聞き役はWhatやHowの背景にあるWhyを鋭く質問していってほしい。

2章でも紹介したように、パーパスにおいては、組織のWhyを知ることが大切だからだ。

　インタビューでは書記役も重要だ。後で行うワークショップのために、発言をメモに残しておく。ワークショップではキーワードを抽出するため、長い文章ではなく、要点を箇条書きにしたものが使い勝手がよい。
　デプスインタビューの対象者の数は組織の大きさや複雑さによって左右される。少なくとも3〜5名程度、大きな組織になると、10〜20といったインタビューが必要になることもある。その場合は、プロジェクトメンバーで手分けしてインタビューを行うとよい。

図5-3　自組織の探索における3つの要素

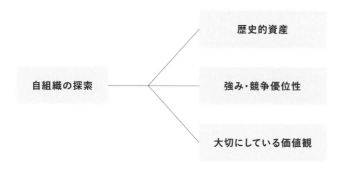

出所：筆者作成

STEP2：社会の探索

　「社会の探索」では、自組織の周辺で起こっている社会の変化を捉え、要素を抽出する。ここで大切なのは、現在起こっていることだけではなく、将来大きなインパクトになりそうな「兆し」を捉えることだ。
　気候変動、格差や分断など人類がかつてない地球規模の課題に直面し

ている今、組織はより大きな視点で社会の変化を把握し、社会からの期待を捉えることが求められている。そのためにも、自組織の枠の外に目を向ける「枠外発想」が重要となる。

　基本となるのは、書籍やメディアの記事を通じて情報収集するデスクリサーチだ。組織の周辺で現在起こっている、もしくは将来大きなインパクトになりそうな変化はないかという観点で、プロジェクトメンバーで分担し情報収集を行う。収集した情報はワークショップを通じて整理する。

　ワークショップで情報を扱いやすくするために、情報収集のフォーマットを決め、1つの情報を1枚のシートに記入していく。仮にプロジェクトメンバーが5人の場合は1人20件情報収集すれば100件収集することができる。ある程度の網羅性を担保するために100〜200件程度のボリュームを1つの目安にするとよい。

　シートには、メンバーがその後アクセスできるようオリジナルの記事の出典（書名やURL）を記載しておく。そして、記事の要点をまとめたタイトルをつけるのに加えて、担当者が感じた示唆をまとめる。

　担当者が感じた「示唆」の箇所は、この記事の要点、なぜこの記事が重要か、社会のあり方に対する示唆は何かを記載する。兆しの探索のためには、この示唆の記述が重要だ。単に事実を羅列するだけでなく、社会においてどのような変化が見られ、その変化がどのような新たな意義を生むのかを探索する。

　たとえば、グローバルIT企業においてこれまであまりなかった従業員組合が組成されるようになったという記事があったとする。ここから、「従業員と企業のパワーバランス」をテーマとして、「発言権を持った従業員が経営に影響を与えるようになるのではないか」「企業としても従業員を重要なステイクホルダーとして認識するようになるのではないか」といった示唆を導き出すことができる。

図5-4　デスクリサーチのフォーマット

```
┌─────────────────────────────────────────────────┐
│                                                   │
│   タイトル                                         │
│   ─────────────────────────────────────────      │
│                                                   │
│   示唆                                             │
│                                                   │
│   ─────────────────────────────────────────      │
│                              ┌───────────────┐    │
│                              │               │    │
│   記事抜粋                    │               │    │
│                              │               │    │
│                              │               │    │
│   出典：                      └───────────────┘    │
│                                                   │
└─────────────────────────────────────────────────┘
```

出所：筆者作成

　社会の探索を行う上では、社会課題（Problem）、生活者（People）、政策・規制（Policy）の「3つのP」の視座が参考になる。

Problem 社会課題

　パーパスの規定において社会課題領域の兆しの探索は必要不可欠だ。気候変動や、資源、ダイバーシティ、格差、貧困や飢餓など世の中には解決されていない社会課題がまだ多く存在する。国連のSDGs（持続可能な開発目標）で設定されている17の目標なども社会課題の探索のための1つの目安となるだろう。

　社会課題の探索において大切なのは、兆しの具体性だ。たとえば気候変動問題であれば、再生可能エネルギーの活用に注目が集まっていることはよく知られた事実だが、さらに具体的に探索すると、有力な再生可能エネルギーである洋上風力発電はエネルギー効率の観点だけではなく、機器

の建設やメンテナンス、専門人材の育成などの面でも地域経済へ高い波及効果があると評価されていることがわかる。ここから、「再生可能エネルギー」の論点が「地域の循環型経済」の論点へ拡張しつつあるという兆しを捉えることができる。このように、将来インパクトをもたらしそうな兆しに目を向けることで長期的な視点での議論ができるようになる。

もう一つ重要なのは、特に自分たちの組織の周りの課題を解像度高く探索することだ。たとえば、ダイバーシティの課題を捉えるにしても企業によって探索の方向性は異なる。ビューティケア関連の企業であれば女性の社会進出の課題に注目すべきだし、電気製品企業であれば高齢者や障がい者も含めたインクルーシブデザインの課題に向き合う必要がある。

自社に関連する課題の領域を探索するからこそ、課題の文脈やつながりを詳細に把握することができる。この捉え方の独自性こそが、企業の競争優位性につながる。

People 生活者

生活者側の変化も重要な視点の1つだ。ミレニアル世代やZ世代といった新しい価値観を持った生活者の台頭は、本書で何度も扱ってきた。生活者の変化の兆しにおいて大切なのは、個別の事象だけでなく、その背後にある価値観や動機を探索することだ。

どのような事象が生まれているか、その背後にはどのような新しい価値観が生まれているかに目を向ける。

たとえば、若年層でリユースへの抵抗感がなくなっているという事象を見つけたとき、それを「社会課題に高い意識を持つ生活者が増えている」という価値観の変化と捉える。さらに、その価値観がどう他の消費や、あるいは職業などの選択に影響を及ぼしているかにまで目を向けることで、深い分析が可能になる。

生活者の変化を捉えるために、普段ニュースなどを見るときにも、事象

から価値観を抽象化し、さらにそこから他の行動や意思決定にどう影響が及ぶかを想像する癖をつけるとよい。

Policy 政策・規制

　最後に挙げるのは政策・規制の領域だ。組織と社会の関係性を表すパーパスにおいて、社会のあり方を決める政策・規制の変化は重要となる。政策・規制の変化によって突然ゲームのルールが変わってしまい、組織が大きな影響を受ける可能性は十分にある。

　近年の例で言えば、各国政府が電気自動車の普及目標を政策化したことで、自動車関連産業は大きな影響を受けつつある。自組織に関連するルールが大きく変わる可能性があるようであれば、組織のパーパスもそれに即した形で議論されるべきだ。

　政策や規制の傾向をリアルタイムに把握するためには、ニュースメディアやGoogleアラートに特定のキーワードを設定しておくことが有効だろう。

図5-5　社会の探索における3つの要素

出所：筆者作成

STEP3：統合と言語化

　自組織の探索と社会の探索が一通り終わったら、ワークショップによって要素を整理し、パーパスの幹となるコンセプトを導き出す。ワークショップには、半日〜1日のまとまった時間を取る。自組織の探索のインタビュー数が多かったり、社会の探索で得られた情報が膨大だったりする場合は、それぞれのプロセスの直後にワークショップを開き、複数回のワークショップを重ねて要素を整理するとよいだろう。

ワークショップの準備

　ワークショップには、大きめの会議室を確保し、ホワイトボードを準備する。参加者が10人以下であれば1つの大きなグループで、それよりも増える場合は、最初にグループに分かれてディスカッションし、その結果を全体で共有しながら議論を進める。議論ではポストイットを多用し、要素を他の要素と簡単に結合させられるようにしておく。

　なお、ZoomやTeams、そしてMiroといったオンラインホワイトボードツールなどを活用すれば、ワークショップをオンラインで開催することも可能だ。

自組織の探索の整理

　まずは、デプスインタビューの発言メモを参考に、歴史的資産、強み・競争優位性、大切にしている価値観などの要素をポストイットに書き出す。インタビュー時間にもよるが、1人の対象者に対して10〜20程度のポストイットができるとよいだろう。

　ポストイットを書き終えたら、要素が近いもの同士でグルーピングし、グループに対してタイトルのポストイットをつけていく。

　インタビュー全体のキーワードとして、タイトルづけされたポストイットのグループが複数並んでいる状態がこのワークのゴールイメージだ。

社会の探索の整理

　社会の探索で得られた兆しを棚卸しし、自組織の周辺でどのようなことが起こっているか、今後起こりそうかの要素を抽出する。

　まず、デスクリサーチのシートの「タイトル」をそのままポストイットに転記する。次に、自組織の探索と同様、それらをグルーピングし、各グループのキーワードを抽出する。

　情報収集の段階では、社会課題、生活者、政策・規制といった領域に分けてリサーチをしたが、ワークショップの段階ではもともとの領域を意識せずグルーピングしていく。

コンセプトに統合する

　自組織と社会のキーワードが出揃ったら、それらを統合しパーパスのコンセプトを導き出す。自組織のキーワード群と社会のキーワード群を眺めて、その両者が共存する言葉を探すのだ。単にどちらかの要素を選択するのでも、足し合わせるのでもなく、両者の世界を共存させる新たな概念を見つける。「自組織」の「社会的」な存在意義というパーパスの両側面を体現するのがこのプロセスだ。

図5-6　自組織と社会の統合

出所：筆者作成

　「クリエイティビティとテクノロジーの力で、世界を感動で満たす。」というソニーのパーパスには感動というコンセプトが示されている。ソニーの組織としての特徴に目を向けると、エンターテインメント、エレクトロニクス、ゲームなどの事業領域の存在がまず挙げられる。加えて、ソニーには、テ

クノロジーに裏打ちされたクリエイティブエンターテインメント企業であるという自己認識があった。また、技術の力で人々の生活を豊かにしたいという創業者の思いも組織の中に継承されてきた。

　一方、社会に目を向けると、パンデミックによって自宅で過ごす時間が長くなり、各家庭にエンターテインメントを届けることの意義は大きく高まった。人々は大きなライフスタイルの変化を強いられたが、その中でも「明るく、前向きに生きていきたい」という根源的な人間の欲求が再確認されたと言えるだろう。また、AIなどのテクノロジーが急速に発展する時代にあって、「人間がどのように人間性を保つことができるか」というテーマも、よく議論されるようになってきた。

　ソニーのパーパスの核にある「感動」というコンセプトはこうした自社視点と社会視点を統合して生まれた。組織のDNAである「テクノロジーの力で人々を豊かにする」側面と、「人間らしく前向きに生きていきたい」という社会のニーズを統合できるコンセプトとして感動という言葉に焦点を当てたのだ。

図5-7　ソニーのパーパス

出所：筆者作成

　ナイキのパーパスは「障壁を乗り越える（Breaking Barriers）」というコンセプトが核となっている。これも、シューズをはじめとした多様なスポーツにおける製品群という自社の特徴と、多様性や格差の課題という社会課

題を統合したものだ。自社視点だけでは「障壁を乗り越える」というコンセプトは生まれなかっただろう。

図5-8　ナイキのパーパス

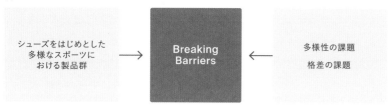

シューズをはじめとした
多様なスポーツに
おける製品群

→

Breaking
Barriers

←

多様性の課題

格差の課題

出所：筆者作成

　ユニリーバのパーパスは「sustainable living commonplace」だ。ユニリーバには、パーソナルケアや食品など日用品領域の事業がある。また、最近はサステナビリティを重視したブランドも、M&Aなどによって多く傘下に収めている。一方、社会に目を向けるとサステナビリティ、そしてウェルビーイング・ヘルスケアの課題が顕著になっていた。ユニリーバもソニーやナイキと同様にこの2つの世界を統合して「sustainable living commonplace」というコンセプトを創り出した。

図5-9　ユニリーバのパーパス

パーソナルケアや食品の
日用品領域の事業

傘下のサステナブル
ブランド群

→

make
sustainable
living
common
place

←

サステナビリティの
課題

ウェルビーイング・
ヘルスケアの課題

出所：筆者作成

　コンセプトの検討段階では、候補となる言葉がいくつも出て、なかなか絞り込めなくなることがあるかもしれない。そのときは、「引き算」で考えて

みるとよい。候補に挙がっている言葉を、存在意義から遠そうなものから1つずつ削っていくと、ある言葉を削ることで、とたんにその組織らしさがなくなってしまうことがある。だとしたら、その言葉はその組織の存在意義を表すのに必要不可欠ということだ。候補の言葉を出し入れしながら最適な言葉の組み合わせを検討する。

パーパスの議論のポイントは、単なる選択やトレードオフを超えることだ。自組織の強みと社会からの期待とを統合する思考が重要となる。

パーパスを言語化する

コンセプトが整理できたら、パーパスを明文化するステートメントを作成する。パーパスは組織を束ねる北極星であり、周囲のステイクホルダーを巻き込むツールでもある。企業の枠を超えて、多くの人々の目に触れ、行動を呼び起こす。だからこそ、言葉の力を疎かにするべきではない。人々の理解を促し、関心を引き寄せ、心を揺さぶり、行動を呼び起こすには、言葉を磨き込んでいく必要がある。

パーパスを形づくる言葉に求められるのは、明確な方向感をわかりやすく表現することだ。

「クリエイティビティとテクノロジーの力で、世界を感動で満たす。」というソニーのパーパスを表す文章は、わずか1行の中に簡潔にソニーの目的と存在意義が明文化されている。「世界を感動で満たす」という意義は、組織内の多くの人々が納得し、共感するものになっている。そして、「そうか、ソニーでは、クリエイティビティとテクノロジーを使って感動を創り出すのだな」という理解と行動を促す。大きな方向感も明確だ。

パーパスの明文化にはいくつかのチェックポイントがある。

1つ目は、インスピレーションに溢れるかどうか。パーパスは人々の行動を呼び起こすために規定される。そのため、その言葉に触れることで、何

か新しいアイデアが思いつく、何かやってみようと思う、いろんな人を巻き込みたくなるなど、発想や行動の起点になることが大切だ。

次に挙げられるのは、Authenticity（真正性）だ。Authenticity（真正性）の対義語は「亜流」や「派生」となる。つまりは、パーパスの内容が、誰もが信じられる本質的な価値を持つかどうかが重要だ。

本質的なものは、時間を超える普遍性を持つ。パーパスは組織の存在意義であり、一度設定されると、長期間にわたり組織の中で大切にされる。そのため、一過性の言葉ではなく、長い年月にわたり使い続けられる言葉を用いて表現する必要がある。

STEP4：具現化

ステートメントが完成したら、それを起点にさまざまなかたちでパーパスを具現化していく。具現化の目的は、組織内外のステイクホルダーとの共有だ。ツールは大きく、冊子やWEBサイトなど文章やビジュアルや動画によって表現されるもの、イベントやワークショップなどの体験の2つに分けることができる。

ビジュアル・動画での具現化

ナイキは自社のパーパス「Breaking Barriers」に関する情報を集約したサイトをつくり、パーパスステートメントやビジュアルイメージ、独自のコンテンツをここから発信している。トップページにPEOPLE、PLANET、PLAYというタブを設け、それぞれの領域においてどのようにこのパーパスを実現していくかが記載されている。さらに、パーパスの実現に関連する記事をこのサイト上に掲載。ビジュアルと文章で、パーパスの世界をより多くの関係者と共有しようとしている。

ナイキのパーパス特設サイト。ナイキの社会的責任に対するスタンスが明確に紹介されている

体験・イベントでの具現化

　スターバックスの創業者ハワード・シュルツは、2000年代半ばに経営危機に陥ったスターバックスを再び成長軌道に戻すためにCEOに復帰した。彼が復帰直後に行ったのは、世界中から200名のシニアリーダーを集めて、変革のためのディスカッションを交わす3日間のイベントを開くことだった。イベントの最終日、シュルツは壇上に立ち新たなミッションステートメントを発表した。今も同社のミッションとして掲げられている「人々の心を豊かで活力あるものにするために――　一人のお客様、一杯のコーヒー、そして一つのコミュニティから」という言葉をシュルツが朗読し始めると、役員たちがその後のステートメントを交互に読み上げた。

　すべてのステートメントが読み上げられると、会場の奥のパネルが開き、ステートメントのテーマを象徴する7つの立体展示が現れた。参加者は美術館を回遊するように展示を巡り、写真を撮った。中には、発表されたば

かりのミッションステートメントにサインしてほしいとシュルツの前に列をなす者も現れたという。

スターバックスのシニアリーダーを集めたパーパスを体現するイベント

資料：SYPartners提供

トップのコミットメントを引き出す

　パーパスに関する活動において重要になるのは経営トップのコミットメントだ。パーパスを規定するプロジェクトは、プロジェクトチームの任命から、途中の経過報告、最終決定に至るまでトップのコミットメントがあることが望ましい。プロジェクトチームは、検討過程においてトップとのセッションを事前に何度か設定しておくとよい。

　トップから指示を受けるのではなく、プロジェクトチームがプロセスを通じて感じたことをトップに伝え、トップとのディスカッションの中でパーパスを導き出していく。すでに述べたように、パーパスの設定は「選択」ではな

く「統合」だ。より高次元の統合を実現するためには、相手がトップであったとしても議論を交わす必要がある。

　ステートメントやビジュアル、動画、体験イベントなど、パーパスを具現化したものは、トップが積極的に発進するにあたっても役に立つ。パーパスは額縁に入れて飾られるだけでは意味をなさない。プロジェクトメンバーがパーパスの発信に関する参謀となり、トップを支え、組織を挙げてパーパスを起点にした経営を実現していくとよい。

　もしトップや社内のキーパーソンがパーパスへの取り組みに消極的だったら、若手メンバーを中心にボトムアップで声を上げてみるのも手だ。本書で述べてきたように、ミレニアル世代、Z世代を中心に、社会課題への高い関心という新しい価値観が生まれていることを率直に伝えてみよう。自分たち従業員としても、社会に対する意義がないと働くモチベーションが高まらないことを訴えてみよう。
　ラディカルに聞こえるかもしれないが、実際にSalesforceのマーク・ベニオフがより社会課題について関心を深めたきっかけは、従業員からの「あなたはこの問題にどう対処するのですか」という1つの問いかけだったのだ。

パーパスは自律的組織における「北極星」となる

　ここまで、パーパスを規定するためのプロセスについて述べてきた。しかし、パーパスの真の目的は、パーパスを起点に組織を駆動させ、あるべき世界を実現することにある。そういう意味では、規定されて初めて、パーパスの長い旅が始まると言える。

　パーパスは組織を束ね、あるべき姿に導く北極星だ。構成員がトップの指示にむやみに従っていては、組織があるべき姿に近づくことは難しい。

構成員が共感し、意思決定の指針となり、行動のガイドとなって初めて
パーパスはその役割が果たされる。

　ソニーの吉田CEOは、インタビューの中で「パーパスを設定して大きな
方向性を示し、任せるべき人に任せ、決めるべきタイミングで決めるように
させています」と述べている。現場の自律性を重視し、トップに上がってく
る意思決定の中には現場に突き返すものもあるという。

　パーパスを起点にすることで、組織は動的かつ有機的になる。逆に、
パーパスという北極性を持たない企業がそうなるのは難しい。組織が不確
実な未来と向き合わなければならない時代において、パーパスを起点とし
た自律的な意思決定ができるかどうかは、より問われるようになるだろう。

6章 ── ステイクホルダーと協働する

ここまで何度か述べてきたように、パーパスは多様なステイクホルダーとともに目指す大きな船であるため、一社だけで実現するのは難しい。ステイクホルダーとの協働は必要不可欠だ。その実際のステップは、次のようになる。

　最初に、ともにパーパスの実現を目指すことができるステイクホルダーを特定する。

　次に、これらのステイクホルダーに対してどのような貢献や協業ができるかを検討する。

　最後に、ステイクホルダーとのエコシステムを俯瞰(ふかん)したときに、ステイクホルダーが一丸となって目指せる「大きな船」となっているかどうかを確認する。

　大きな船として不十分であれば、ステイクホルダーの特定に戻り、大きな船をかたちづくるための足りないピースは誰かを再検討していく。

鍵となるステイクホルダーは誰か？

　「ステイクホルダーの特定」にあたっては、具体的には、どのようなステイクホルダーが存在し、どのような期待をしているかのインサイトを探っていく。

　1章で紹介したビジネス・ラウンドテーブルは、株主とともに従業員、サプライヤー、顧客、コミュニティを重視すべきだと提唱した。ただし、ステイクホルダーはこの五者に限られるものではない。行政・業界団体・NPOといった組織や団体、あるいは、地球環境・次世代など、空間と時間を大きく広げれば見えてくるステイクホルダーもある。これらの枠組みも参考にしながら、自組織のステイクホルダーにおいて、具体的にどのような組織や人が鍵となるかをリストアップしていく。

ステイクホルダーが特定できたら、まず、規定したパーパスに対してどのような期待を持つか、パーパスを実現させるにあたってどのような懸念があるかといったインサイトを探っていく。

　インサイトを探る上で、パーパスの規定のときに自組織内で行ったようなインタビューを、各ステイクホルダーにするのもいいだろう。パーパスを紹介しながら、その内容に対する期待と懸念の両側面を聞くとよい。

　次に各ステイクホルダーとともにどのように協働するか、どのような関係性を構築するか、そしてどのような世界を目指すのかを具体的に検討する。

　スターバックスが2000年代半ばに設定した「人々の心を豊かで活力あるものにするために――一人のお客様、一杯のコーヒー、そして一つのコミュニティから」というパーパスと同時に発表したのが、「7つの大きな取り組み（7 Big Moves）」だった。この中で、スターバックスは、従業員、顧客、コミュニティ、サプライヤーといった各ステイクホルダーに関連する取り組みを設定している[20]。

図6-1　スターバックスの7 Big Moves

1	コーヒーの権威としての地位を揺るぎないものにする
2	パートナー〈編注：スターバックスにおける従業員の呼称〉との絆を確立し、彼らに刺激を与える（従業員）
3	お客様との心の絆を取り戻す（顧客）
4	海外市場でのシェアを拡大する――各店舗はそれぞれの地域社会の中心になる（コミュニティ）
5	コーヒー豆の倫理的調達や環境保全活動に率先して取り組む（サプライヤー）
6	スターバックスのコーヒーにふさわしい創造性に富んだ成長を達成するための基盤をつくる
7	持続可能な経済モデルを提供する

出所：『スターバックス再生物語　つながりを育む経営』より、括弧内は筆者加筆

「従業員」に対しては、研修やキャリア開発の機会を改善し、有意義で画期的な福利厚生や報酬制度の確立を目指す。

人間的なふれあいを求めて店舗にやってくる「顧客」には、コーヒーだけでなく、スターバックスらしいやり方で価値を提供する。

海外展開の目標の中では、店舗を地域社会の中心となるものと位置づけ、「コミュニティ」への貢献が明言されている。また、地域文化を尊重し、ボランティアによって地域活動の取り組みを支援するとある。

「サプライヤー」とは、倫理や環境保全にともに取り組むとされている。

これらの目標のいずれもが、「人々の心を豊かで活力あるものにする」というスターバックスの存在意義をステイクホルダーとともに実現するためのものだ。

各ステイクホルダーとの協働

ステイクホルダー1：従業員

ここからは、各ステイクホルダーとどのように協働するかについて、実際の事例をもとに解説していこう。

Case：個人と企業をつなぐ「1万ストーリーチャレンジ」

約150の国と地域で、監査、会計アドバイザリー、コンサルティングなどのサービスを展開する世界的プロフェッショナルファームで、Big4（世界4大会計事務所）の一角としても知られるKPMGは "Inspire Confidence, Empower Change"（社会に信頼を、変革に力を）というパーパスを設定したが、それをすぐに外部向けのキャンペーンに活用したりはしなかった。その代わり、まず経営陣やマネージャーが、自分自身のストーリーとパーパスを紐づけるように促されたという。そしてその後、各従業員も同様に、企業パーパスについての自身の考えと、それをどうクライアント企業に対して

の仕事に昇華させていくのかについて、内省する機会を設けたという。

　この取り組みは「1万ストーリーチャレンジ」と呼ばれ、従業員たちが、ポスターにパーパス・ステートメントのようなコピーをつけ、その下に概要説明と自分の顔写真を載せるというフォーマットで、全世界で展開された。

企業のパーパスと自社のパーパスを重ね合わせるKPMGの1万ストーリーチャレンジ

　たとえば「私たちは国家が傷を癒すのを助ける」というステートメントの下に「9.11の悲劇的な出来事の後、KPMGのチームは9000億円にもおよぶ費用を監査することで復興の基盤を築いた」という説明書きが続く。そのほかにも「テロと闘う」「科学を前進させる」など、個々の従業員がKPMGの会社としてのパーパス「社会に信頼を、変革に力を」をどう読み解き、自分なりに再解釈したかがわかりやすく表現されている。
　結果として、KPMGでは、27,000人が42,000枚のポスターを作成した

という（個人で複数のポスターを作成したり、チームで作成したりする従業員もいた）。

　KPMGでは、リーダーが自分の個人的な目的を日常的にチームメンバーに伝え、それが自分の職業生活や組織の存在理由とどのようにリンクしているかなどを話し合うようになっている。

　こうしたプログラムを長年かけて実施した結果、KPMGの採用競争力は上がり、従業員の離職率も下がり、ビジネス誌『フォーチュン』の「働きがいのある会社ベスト100」では12位にまで順位が上がったという。

視点：パーパスの下にボスはいない

　NASAで働く清掃員が「私の仕事は床をモップがけすることではなく、人類を月に送り出すことだ」と答えたのはあまりに有名なエピソードだが、パーパス型組織では、これと同様に、組織目標の共有と自分の仕事との結び付けを行うことが重要になってくる。

図6-2　企業と個人のパーパスを重ねる

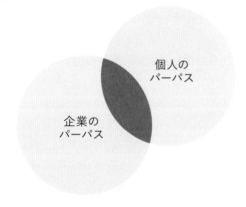

個人の
パーパス

企業の
パーパス

出所：筆者作成

　このような時代において、新しい形のリーダーシップが求められているのは明らかだ。本書はリーダーシップ論の本ではないため詳細は専門書に譲

るが、部下や周囲を尊重し、奉仕することによってリードしていくという「サーバント・リーダーシップ」のような概念が大きく注目されている点は触れておくべきだろう。

　過去の成功が未来の成功確率を上げるような時代にあっては、経験値の高さがリーダーに必須な要素の1つだった。しかし、過去の成功と未来が必ずしもリンクしないこれからの時代には、組織のメンバーを先導するようなタイプのリーダーシップではなく、チームメンバー個々人のパーパスを聴き出し、それを組織やプロジェクトのパーパスと紐づけることを手助けするようなタイプのリーダーシップが求められる。多様なメンバーが自律的に動くことが、変化に対して柔軟な組織づくりには欠かせないからだ。

　「パーパスの下ではボスはいない」とも言われる。1人のリーダーとその他のフォロワーという形ではなく、個々人が主体的にリーダーの役割を果たす中で、個々人が主観を重視し、共通の目的に向かっているという組織づくりが最も重要な役割になるはずだ。
　そういった意味では、「パーパスの下ではボスはいない」ではなく「パーパスこそがボスである」とも言えるだろう。パーパスの下で役職にかかわらずフラットに共通目的を追求していく姿勢こそが、従業員というステイクホルダーとの理想の関係性であるはずだ。

ステイクホルダー2：サプライヤー

Case：パートナーを募るユニリーバ・ファウンドリー
　2014年ユニリーバは、スタートアップや社会起業家といった新しいステイクホルダーとの関係性を築くためのプラットフォーム、ユニリーバ・ファウンドリーをローンチした。
　2章でも紹介したように、ユニリーバは2009年から2018年までCEOとして活躍したポール・ポールマンのリーダーシップの下、「sustainable

living commonplaceをつくる」というパーパスを戦略の中心に置く企業へと変化した。

ユニリーバ・ファウンドリーの仕組みは、これまでオープンイノベーションと呼ばれていた仕組みをさらに進めたものだ。

従来のオープンイノベーションは、研究開発領域を中心に、必要とするテクノロジーや資材の情報を公開してパートナーを探すというものだった。ユニリーバはこの取り組みをパーパス起点でさらに一歩進めた。自社が向き合っている社会課題を背景や意義を含めてオープンにし、協業を前提に、社会的責任を共に担うスタートアップを募ったのだ。

ユニリーバ・ファウンドリーの仕組みは4つのステップからなる。最初にユニリーバから課題が共有され、その課題における協業に興味を持つスタートアップが協業プランを提示、パイロットプログラムを経て、パートナーシップに至る。

たとえば、ユニリーバを代表するブランドであるクノールは、アドテクノロジーのソーシャルベンチャーであるグッドループと協業し、広告から社会貢献活動への寄付を促す仕組みを作った。

自社の社会貢献活動と顧客との接点を広げたいと考えていたクノールは、ユニリーバ・ファウンドリーを通じて企業のオンライン広告を社会貢献活動の寄付へ誘導するグッドループと出会った。

クノールはグッドループと協業することで、クノールのオンライン広告から自社の社会貢献活動へ顧客を誘導。広告が露出するほどクノールの広告費は社会貢献活動への寄付となり、同時に社会貢献活動を通じて顧客と新たな結びつきを構築することができた。

こうした取り組みは、「sustainable living commonplaceをつくる」というパーパスによって描いた世界を、ユニリーバ単独ではなく、スタートアップとの協業を通じて実現していこうとするものだ。協業は、ユニリーバ

にとっては自社では実現できないイノベーションの実装、スタートアップにとってはユニリーバの基盤を使ったビジネスの拡大と、それぞれにメリットがある。

ユニリーバは、シンガポールとアイルランドに外部との協業のためのコワーキングスペースを設け、より開かれたエコシステムを作ろうとしている。

Case：環境行政のプロを迎えたAppleのプロジェクト

世界最大の時価総額を誇る企業となったAppleの影響力は大きく、その一挙一動に世界の企業が注目する。サステナビリティに関わる取り組みも同様だ。

2014年、元環境保護庁（EPA）長官のリサ・ジャクソンはAppleに迎えられ、CEO直属の環境・政策・社会イニシアティブ担当のバイスプレジデントとなった。EPA時代のジャクソンは、オバマ政権にて温室効果ガス削減や汚染物質の排出基準策定などを手掛けた、環境行政のプロフェッショナルだ。ジャクソンの参画によって、Appleは持続可能性にコミットする経営に大きく舵を切っていった。

Appleがまず取り組んだのは、自社のビジネスに関わる部分のカーボンニュートラル化だ。オフィスや直営店、データセンターなどで使用されるエネルギーを再生可能エネルギーに置き換えていった。その後、製品に関わるカーボンニュートラル化でAppleは本領を発揮する。

世界で約2億台をも販売するiPhoneをはじめとした製品群をカーボンニュートラル化するためには、部品メーカーなどサプライヤーの協力が欠かせない。次の世代によりよい未来を残すというパーパスのもと、Appleはサプライヤーとの協働のため「クリーン・エネルギー・プロジェクト」を立ち上げた。

Appleは、単にサプライヤーに再生可能エネルギーの利用を依頼しただけではなかった。まず、クリーンエネルギーの情報をまとめたポータルを整備。サプライヤーがこのポータルを通じて世界中から再生可能エネルギー

の調達先を見つけられるようにした。

　さらに、Appleはサプライヤーとともに、再生可能エネルギーを生産する
プロジェクトに資金を提供する基金を設立。基金が支援したプロジェクト
によって生み出された再生可能エネルギーを、サプライヤーが活用できるよ
うにする仕組みをつくった。

　また、国や地域によっては、安価な再生可能エネルギーの調達のために
政府の規制が壁となることがある。Appleはサプライヤーや同様の意思を
持つ企業と協力して、ときに政策立案までも支援しているという。

　2020年7月、Appleは2030年までにサプライチェーンを100％カーボ
ンニュートラル化することを発表。ジャクソンはTEDのインタビューにおい
て、国連が2050年までのカーボンニュートラル化を発表していることに触
れつつ、「Appleが2030年に目標を置くことで、他の企業をも巻き込んだ
動きになることを期待している」と述べた。

　Appleはパーパスを実現するためにサプライヤーを巻き込み、その動き
はより大きなチームに拡大しつつある。お互いに補完し合いながら、カー
ボンニュートラル化という地球規模の社会課題に取り組んでいるのだ。

Appleが調達する再生可能エネルギーの80%以上は、
自らが手掛けた電力プロジェクトから生み出されている

資料：Apple HPより

視点：サプライヤーは無理を押し付ける相手ではない

　これまで、サプライヤーとの関係性は効率性がすべてだった。メーカー、物流、小売それぞれの段階において極力無駄を排除し、リードタイムを最適化するのがサプライヤーとの理想の関係性だった。

　しかし、パーパスがビジネスを駆動する時代において、効率を追求するだけでは不十分だ。企業の社会的責任が問われる中、製品やサービスがどのように生み出されたかという透明性が求められる。これまでもフェアトレードのように原料の透明性は問われていたが、これからは従業員の労働環境を含む、企業のあり方の透明性までもが問われていくだろう。

　企業は、サプライヤーに対して単に安く効率的にモノを調達する以上の関係性を構築する必要がある。サプライヤーとパーパスを共有し、サプライヤーがパーパスに即した仕事ができるような環境を整備することまでもが企業の役割になっていく。

ビジネスはしばしばバリューチェーンを基軸に語られてきた。しかし、これからは、バリューチェーンのモデルは一方通行型から、ループ型へ転換する必要がある。また、特定の企業グループの中で閉じようとするのではなく、より多くの関連するステイクホルダーの参加を促すオープン型のエコシステムへと変化していくだろう。

　中心に大きな船としてのパーパスを掲げ、多様な主体が一丸となって目指す世界の姿を共有する。サプライヤーはその意義に即したやり方で仕事をし、その意思を次のステイクホルダーにつないでいく。ユーザの元に渡ったモノは資源として再びサプライヤーに循環することもあるはずだ。

図6-3　バリューチェーンもループ型へ

出所：筆者作成

ステイクホルダー3：顧客

Case：体験でパーパスを共有するCotopaxiの「Questival」

　1000人を超える人々が、チームになって街の至るところでブランドのロゴと「Gear For Good（道具を通じて社会を良くする）」というスローガンを掲げながらセルフィーを撮っている。パンデミック以前、この「Questival」と呼ばれるイベントを毎週のように全米各地の都市で開催してきたのが、2章でも紹介したCotopaxiだ。

参加者は楽しみながらCotopaxiのパーパスを実現できる

　「Questival」は、イベントを通じてCotopaxiのパーパスを顧客と共有し、さらに強い絆を創り出す。

　参加者は数十ドルの参加費を払ってイベントに参加。開催都市に集まり、チームを組んで24時間の間にいくつものチャレンジ（課題）に挑戦する。

　まず、2〜6人のチームをつくってアプリをダウンロード。次に、チームでどの「チャレンジ」をどの順番で行うかを決める。「チャレンジ」は、街にいるラマと写真を撮るといったライトなものから、特定のコースをトレッキングするといった時間のかかるものまであり、それぞれ達成すればポイントが得られるよう設定されている。

　「チャレンジ」を達成したらチームでセルフィーを撮りアプリにアップする。24時間経ったところで、獲得したポイントが上位のチームにはメダルや賞金が授与される。

　Questivalの特徴は、イベントの中で参加者から寄付を募ることで、社会を良くするというCotopaxiのパーパスを顧客と共有する機会となってい

ることだ。カジュアルで、ユーモアに溢れたチャレンジを達成する途中で、アプリから寄付を促す通知が届く。多くの参加者が世界をよりよいものにするというCotopaxiのパーパスに賛同して寄付をする。

Questivalを通じて、Cotopaxiは、顧客を「自社製品を購入してもらう対象」から「パーパスが描く世界を共につくっていくパートナー」に変えていく。イベントやデジタルでの体験をブランドのパーパスと組み合わせて、顧客や地域コミュニティを巻き込む新しいエコシステムのデザインと言える。

Case：ユニコーンとなったサラダチェーンsweetgreen

「ユニコーン企業」と言えばテクノロジー関連企業であることが多いが、sweetgreenはサラダ専門店でありながらユニコーンになったユニークな企業だ。

2007年に大学の同級生3人でワシントンD.C.で設立されたsweetgreenは、今や全米の都市に展開し、どこもランチどきには行列ができるほどの盛況ぶりだ。2018年には企業評価額が1000億円を超え、200億円を調達したことで話題になった。

同社のミッションは「コミュニティを健康にする（Inspiring Healthier Communities）」。

sweetgreenはチェーン店でありながら、地元との結びつきを何より重視する。テナント出店する際は、その建物のもとの状態をなるべく変えないようにする。また、提供するサラダの食材も、基本的に地元のものを中心に扱うようにしている。そのため、チェーン店でありながら店舗ごと、あるいは季節ごとに微妙にメニューが違う。加えて、地元のアーティストの作品を店舗で飾ったり、音楽ミュージシャンと一緒にイベントを開いたりもする。もちろんサステナビリティへの配慮や、農家へのリスペクトと公平な取引、徹底的な透明性も重視している。

チェーン店でありながら、ローカライズを重視するsweetgreen

資料:Jeffrey MacMillan / Getty Images

　また、子どもと健康的な食事を結び付けることをミッションにしている
FoodCorpsというNPOと連携し、出店した地域を中心に地元学校
「sweetgreen in Schools」という1週間のワークショップを開催している。
このワークショップでは、幼少期から健康的な食生活を送ることの重要性
を小学生に説いているが、sweetgreenが提供するのはそれだけではな
い。
　同じくFoodCorpsと提携する「テースティー・チャレンジ (Tasty
Challenge)」というプログラムでは、同じ食品を3つの調理法を使って調
理し、それを試食したのちに投票する。ゲーム性も高く、子どもたちがより
楽しく野菜やフルーツと向き合うことができる仕組みになっている。
　sweetgreenが進出していない地域も含めて、全米の子どもたちの食の
リテラシーを上げるのがこのプログラムのより大きな目標だ。
　アメリカでは「フードデザート (食の砂漠)」と呼ばれる、健康的な生鮮
食品を得るのが難しくファーストフードや加工食品に依存せざるを得ない地

域が数多く存在することが社会問題となっている。

　sweetgreenはそうした地域の1つ、ロサンゼルスのハイドパーク地区において、同社の調達手法や店舗デザインの考え方を惜しげもなく提供することで、地元の酒屋を生鮮食品スーパーに生まれ変わらせ、地元の人が手軽に健康的な食品にアクセスできるよう支援した。

　sweetgreen in Schoolsやこうしたローカル店舗への支援はもちろん無償で提供され、短期的には何の利益ももたらさない。

　だが、長期的には、栄養や食に対するリテラシーを身に付けた彼女ら／彼らがsweetgreenの顧客になると期待されているのだろう。また、そうした教育を受けた子どもの家庭が地元の農家の野菜を選択することで地元農家のビジネスが繁栄するのであれば、それはsweetgreenにとっては素材の安定供給へつながることを意味する。

　sweetgreenはこのように地域コミュニティへの貢献のための施策を多数行うだけでなく、顧客となってくれた人たちにも多様なタッチポイントを築き、関係を維持・強化しようとしている。

　たとえば、sweetgreenは、コミュニティ会員向けに、毎年sweetlifeと呼ばれる音楽フェスまで開催している。

　また、sweetgreenは購買金額に応じたロイヤリティプログラムを展開しており、年間利用額が一定の値を超えるごとに、グリーン、ブロンズ、ゴールドなどのメンバーシップを提供している。ステータスごとにさまざまなリワードがあることに加えて、地域コミュニティへの寄付などの貢献も、アプリを通じて可視化されるようになっている。

　さらに、同社はアプリやニュースレターなどを活用しながらコンスタントにコンテンツを発信し続けることで、ユーザとの強いエンゲージを作っており、「新しい時代のマクドナルドになる」と息巻いている。

sweetgreenは環境負荷の低い素材を使い商品を提供している

視点：等価交換の外側を意識する

　パーパスを追求するにあたっては、顧客との等価的な価値の往復から抜け出すこともときに必要となる。たとえば、顧客からの対価を活用し、「売上の1%は非営利の団体に寄付する」など、多様なステイクホルダーの利益に資する活動を行うことも有効だ。

　同様に、顧客へ、顧客からもらった分だけリワードを返す「等価交換の関係」ではなく、あるときは消費者に多く与えることも必要になってくる。

　sweetgreenによる出店地域の学校向けの食育授業の提供は、顧客からお金を受け取った分だけ提供するのではなく、ペイフォワード（先に渡す）の精神で、未来の顧客に、自分たちの価値観が伝わりやすいサービスを提供する行為だ。経済合理性だけの観点からは、こうした施策は支持されないだろう。

　しかし、これは消費者の目線では、自分が提供しているもの以上のものが受け取れるということだ。さらには、自分の消費の一部が、社会課題などに関連のある、より意味と意義のあることに接続されるという体験を持つことを意味する。自分の行為と企業のパーパスが接続されることで、問題解決に挑む同志であるという感覚を持つこともできる。

　こうした感覚は等価交換的なお金と財・サービスのやりとりのみでは発生しえない。そしてこのような消費者の同志としての感覚や企業との共有体験こそが、若い世代の価値観にもフィットした、長期的なブランドロイヤルティにつながっていく。

視点：取引関係からパートナー的関係へ

　企業やブランドが、ジェンダーや環境問題など自分たちだけでは解決できないような大きな課題に取り組もうとすると、必然的に企業と消費者の関係に変化が生じる。

これまで消費者と企業は「消費者のニーズを把握する」「購買してもらう」などの局面ごとに、お互いが「面と向かう」関係だった。しかし、これからは、より抽象的で大きな課題に向き合い、社会のポジティブな変化を推進していく同志としてパートナー的関係になっていく。

4章で取り上げたURTHはまさにその好例だ。写真を撮るという行為を「人と自然がつながりを深める行為」と捉え、売上の一部を森林再生などに充てる活動は、より大きな社会課題の解決に向けて企業とユーザを取引関係ではなく、並列のパートナー関係に変化させている。

図6-4　消費者と企業の関係性の変化

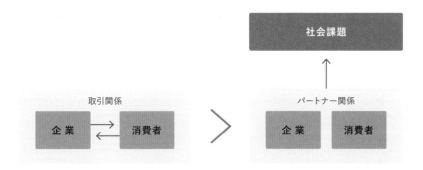

出所：筆者作成

また、顧客と企業だけでなく、ときには企業と企業さえも、パートナー型の関係を結ぶことがある。

アディダスは「Take Back Program」というプログラムを展開し、直営店15店舗に、自社のみならず他社商品までをも回収できる「コレクターズ・ボックス」を設置した。

また、アディダスは、2015年から環境NGOのParley for the Oceansと提携しており、同団体と共同で海洋廃棄プラスチックを原材料としたランニングシューズの開発を行っている。

海洋廃棄プラスチックを原材料とした ADIDAS X PARLEYのラインナップ

資料：アディダス提供

　また、URTHも、植林を自分たちで行うことは難しいため、Eden Reforestation Projectsという団体の協力を得てこのプロジェクトを展開している。

　回収、環境配慮型プロジェクトの運営、製品開発など多様なケースで、これからはコラボレーションが前提となっていくはずだ。

ステイクホルダー4：地域コミュニティ

Case：住民を巻き込み新しい流通をつくるネスレのMACHI ECO便

　グローバル食品企業であるネスレのパーパスは「食の持つ力で、現在そしてこれからの世代のすべての人々の生活の質を高める（Unlocking the power of food to enhance quality of life for everyone, today and for generations to come. ）」だ。ネスレはこのパーパスをさまざまなステイクホルダーとともに実践している。

ネスレが日本で取り組むのが、流通の課題を解決する新しい仕組み「MACHI ECO便」だ。ネスレが焦点を当てたのは、物流ドライバー不足や再配達問題、そして物流に用いられる梱包資材削減。いずれも、食を持続可能なかたちで家庭に届ける上での妨げになる。

　ネスレは、地域コミュニティを巻き込んだエコシステムを構想した。普通、宅配は物流会社が1軒ずつ家を回るが、それだと少なからず再配達の問題が生じてしまう。そこでネスレは、地域の人々による「エコ ハブ」と呼ばれる拠点を設けた。物流会社は、各家庭ではなくこのエコ ハブまで荷物を届ける。その後、エコ ハブを担う地域の人たちが、ダンボールを使わずに、エコバッグで地域を回って商品を届ける仕組みだ。この仕組みによって、ネスレは物流ドライバーの不足や梱包資材の問題を同時に解決しようとしている。

　エコ ハブの担い手は、報酬だけではなく、地域と関わったり、この配送によって運動する機会を得たり、といった副次的なメリットも享受することができる。配送員は、企業と顧客の間に位置づけられる「新しいステイクホルダー」だとも言える。

　さらにMACHI ECO便が興味深いのは、この仕組みを、ネスレだけではなくP&Gやファンケル、カルビーといった他の企業にもオープンにしている点だ。参加企業は、ネスレと同様にエコ ハブにものを届け、エコハブは複数企業の商品をまとめて各家庭に届ける。

　この取り組みはまだ始まったばかりだが、食を通じて人々の生活の質を高めるというパーパスを持続的に実現するために、コミュニティや顧客を巻き込んだ新しいエコシステムをつくり、「大きな船」に他の企業も乗せようとしている。

Case：自社商品と地元の商品を並べて売る無印良品の道の駅

　2021年3月、無印良品を展開する良品計画は「無印良品 道の駅なみえ」

を、東日本大震災と福島第一原子力発電所の事故で大きな影響を受けた福島県浪江町にオープンした。道の駅なみえは地元のまちづくり会社に運営を委託する形でオープン。町の復興を象徴する店舗は、多くの客で賑わっている。

　無印良品は、道の駅なみえに先駆けて、2021年2月には山形県酒田市に「無印良品 酒田POP-UP STORE」を、2018年4月には千葉県鴨川市に「里のMUJI みんなみの里」を地域コミュニティ型の店舗としてそれぞれオープンした。これまで都市部を中心に出店してきた良品計画としては、大きな戦略の転換だ。

　近年、良品計画はこれらの店舗を展開するにあたり「商いを通して、人と人とのつながりを創出すること」というパーパスを掲げて、自治体や地元の事業者、農家などの生産者と協業しながら、地域に根差した店づくりを進めている。
　「みんなみの里」の店舗では、地元の野菜と無印良品の食品が混在して販売される。店舗の中に設けられたCafé&Meal MUJIでは、地元の食材を活かしたメニューが提供され、敷地内には地元食材を使った商品開発を行うラボである「開発工房」を開設。個人では所有することが難しい設備を、地元の人々に開放している。

　これらの地域コミュニティ型店舗は、無印良品の新しい取り組みを象徴するものだ。自社商品を一方的に届けるのではなく、地元の食材や商材を広く取り扱い、地域コミュニティとの共存を目指す。このような取り組みは行政だけでも、無印良品だけでも実現することは難しい。人々のつながりを創出するというパーパスの下、地域内外のステイクホルダーが集うことで初めて実現することができるものだ。

　良品計画は2014年より「鴨川里山トラスト」というプロジェクトをきっかけに鴨川での活動を本格化。2017年には鴨川市と「地域活性化に関する

協定」を締結し、新生「みんなみの里」オープンに向けたプロジェクトが本
格化することとなった。プロジェクトには行政の他、鴨川市農林業体験交
流協会や鴨川観光プラットフォーム株式会社といった地元の公的団体も参
加している。

開発工房を備える地域コミュニティ型店舗「里のMUJI みんなみの里」

資料：筆者撮影

店頭には自社商品と地元産の商品が共に並ぶ

資料：筆者撮影

Case：ホームレス税の負担を率先したSaaSの雄　Salesforce

　世界を代表するSaaS企業であるSalesforce。ビジネスの成功の一方で、大企業にホームレス対策の税負担を課す法案成立に大きな役割を果たしたことはあまり知られていない。

　Salesforceが拠点を置くサンフランシスコ市では年々ホームレス問題が深刻化していた。街中では常にホームレスの姿が見られ、2017年の調査ではその人口は7500人、1200世帯に達していたという。そこで、サンフランシスコ市は2018年にProp Cと呼ばれる抜本的なホームレス対策法案を採決することとなった。市内の年間売上5000万ドル以上の大企業にホームレス対策のため0.5％程度の法人税を課すというものだ。この法案によって、年間3億ドルのホームレス対策財源が確保され、ホームレス向けの住

宅やサービスに充てられることとなった。

　住民投票による法案可決をリードしたのは、Salesforce の創業者であり CEO であるマーク・ベニオフだ。ベニオフは多くの IT 企業のトップが懸念を示す中、この法案設立に対して支持を表明し、住民投票の可決を目指すキャンペーンに巨額の費用を提供した。資金提供だけではなく、公衆の前で議員とともにスピーチしたり、支援者とともに朝食会や夕食会を主催したり、ニュース番組にも積極的に出演したりと精力的に活動した。

　ベニオフを駆り立てるのは、コミュニティの健全性を守ることはビジネス上の重要な優先事項であるという信念だ。ベニオフは著書の中で「ホームレス化と、それに追い打ちをかける大きな経済格差が、わが社の将来の見通し、さらにはサンフランシスコとシリコンバレーのビジネスコミュニティ全体に大きな影響を与えかねない事実を、無視できるわけがない」と述べている[21]。

年々深刻化するサンフランシスコのホームレス問題

資料：Justin Sullivan / Getty Images

サンフランシスコ市のホームレス問題の背景には、収益を上げる企業に富が集中することによって住宅価格や物価が高騰し、ホームレスが増えている構造がある。

これまでは企業は収益を上げて納税し、行政が社会課題を解決するという役割分担が明確だったが、これからはそうもいかなくなる。持続可能な地域コミュニティの維持は、企業の持続的な成長につながっている。企業の運命は社会と深く連関しているという事実に、今後ますます注目が集まっていくだろう。

視点：リゾーム的共同体へ

本章で紹介した、ステイクホルダーとともにエコシステムを形成するという共同体的アプローチは、近代的な組織論の中では見落とされてきた。19世紀後半から20世紀初頭に活躍したドイツの社会学者フェルディナント・テンニースは、ゲマインシャフトからゲゼルシャフトへの変遷というコンセプトとともに、近代とは地縁・血縁に代表される共同社会（ゲマインシャフト）から官僚組織や企業に代表される利益社会（ゲゼルシャフト）への変遷であると説いた[22]。

ゲゼルシャフト的な近代の組織は、ツリー型のトップダウンで構成され、「合理性」を行動基準とする。

一方、パーパスの世界で描かれるエコシステムとは、ネットワーク的であり、社会的責任への「共感」を行動基準とするものだ。フランスの哲学者ドゥルーズとガタリは地下茎を意味するリゾームというコンセプトで、ツリー型組織と対比したネットワーク型組織の特徴を表した。地下茎は、中心を持たず水平に拡張していく[23]。

図6-5　ツリーとリゾーム

明確な中心がある「ツリー」　　**中心がなく水平に広がる「リゾーム」**

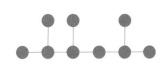

出所：筆者作成

　地域コミュニティでは、政策立案を行政が担い、それを上意下達で市民に伝えていくトップダウンのモデルが長らく採用されてきた。MACHI ECO便や無印良品の道の駅のように、パーパスを起点としてステイクホルダーとともに地下茎のような有機的なエコシステムをつくるのは、共同体づくりの新しいあり方だと言える。

　これからの共同体づくりにおいては、「ツリー型」「トップダウン」「合理性」などの近代的な組織づくりのボキャブラリーは、一旦脇に置く必要があるだろう。組織同士が共感で横につながっていく共同社会的なアプローチこそが、パーパス時代のコミュニティには求められていくのではないだろうか。

ステイクホルダー5：株主

Case：非財務的な指標を利益と両立させるエーザイ

　これまで見てきたとおり、パーパスを中心に置いたビジネスはその目的が根本から変化するが、もちろん、利益を上げて株主に還元していくということの重要性は変わらない。

　しかし、これからパーパスや、ESGなどの急速に普及しつつある「非財務的」な企業目標を追求するにあたり、それらを利益とトレードオフにせず、利益とどう両立させていくかが重要になってくる。

パーパスやESGをどう株主価値に組み込むかという観点では、日本の製薬会社のエーザイが先端的な取り組みをしているので紹介したい。

　エーザイは2020年に統合報告書（知的資産と財務データの両方の観点から、自社の独自の強みやビジョン、将来の事業展開の見通しについてまとめた報告書）を公表したが、この報告書のユニークな点は、単にESGの取り組みを報告するだけでなく、ESGの取り組みが何年後にどの程度の企業価値向上をもたらすのかを具体的に示したことだ。

　たとえば、人件費投入を1割増やすと5年後にPBR（株価純資産倍率）が13.8%上がる、女性管理職比率を1割改善すると7年後にPBRが2.4%上がるなどの相関が見られたことが、この報告書で示されている。ここでおもしろいのが5年後、7年後などの長い時間を経たのちに結果が表れていることだ。パーパス経営では長期的視座が重要だ、といった概念的な主張ではなく、実際に株主価値として計測可能な形で効果を上げていることが表現されている。

　また、エーザイは、通常の損益計算書にESG的観点を加えた、独自のESG組み込み型の損益計算書を作成することによって、ESGと株主価値の統合にもトライしている。
　具体的には、同社は営業利益に人件費と研究開発費を足し戻した金額を、ESGを踏まえた利益「ESG EBIT」と名付けて開示している。通常、損益計算書では、人件費と研究開発費はその名が示すとおり費用として計上されるが、ESG EBITではこれらを「将来利益」とみなして足し戻すという計算方法だ。
　企業は景気悪化や業績悪化に伴い、新卒採用を控えたり、研究開発費を削減したりすることも珍しくない。しかしESG EBITのような指標を使っていると、そのような状況においても積極的に人材投資や研究開発投資を行うインセンティブになるだろう。

実際、エーザイはコロナの影響を受けて2020年度の業績が悪化したが、人件費と研究開発投資を行うことで、E3G EDITは前年度と同水準を維持したという。

　ちなみに、エーザイのCFOの柳良平は、研究開発費控除前の営業利益を「ファーマEBIT」と名付け決算説明会においてその数値を発表している。柳は、「新薬開発のための研究開発費は将来への投資であり、病気で苦しんでいる患者を一日でも早く助けたいという思いはESGそのものです。研究開発に積極投資すれば、営業利益やEPS（1株あたり利益）が押しつぶされてしまうというのは間違いであり、製薬会社の真の利益はファーマEBITだという考え方を打ち出して、積極的に開示してきました」と述べている[24]。

　ESGと株主価値の両立について、エーザイの象徴的なエピソードを紹介しよう。
　エーザイは、象皮病としても知られる、リンパ系フィラリア症（熱帯や亜熱帯の途上国の国々を中心に、蚊を媒介として感染し、足が象のように腫れて動けなくなり、さまざまな合併症を発症する）の症状を改善する「DEC錠」をインドの工場で製造し無償で提供する取り組みを始めている。
　この取り組みは、当初は2020年までの予定だったが、WHO（世界保健機関）と提携し、地球上からフィラリア症を撲滅するまで無償で提供することが決定したという。

　DEC錠は、既存技術で容易に生産できるにもかかわらず、患者のほとんどが貧困層に属するなどの理由から多くの製薬企業が提供をためらってきた。エーザイによるDEC錠の無償提供の決断は、ともすれば株主価値向上に反するようにも映るが、22億錠を生産することによる設備稼働率の向上、インドの現地スタッフの生産技術とモチベーション向上、離職率の減少、最先端の抗癌剤生産のインドシフトによる原価低減効果などさまざ

まなポジティブなインパクトを生み出しているという。

　さらには、新興国市場に進出する際のブランド価値なども考慮するNPV
（正味現在価値）を計算すると、近い将来に黒字化するとも言われている。

　4章で紹介したSASBマテリアリティマップでも示されているとおり「製
品へのアクセス」はヘルスケア業界で最も重視される指標の1つだ。このエ
ピソードは、株主利益とESGが両立するということをしっかりと証明してい
る。

視点：連帯する個人投資家

　まず大前提として、企業経営においてESGは「実現すべきかどうか」を
考えるものではない。「いつまでに、どのように実現すべきか」を具体的に
考える段階に入っている。

　2018年時点で、グローバル資本市場でのESG投資の残高は3000兆円
を超え、資本市場に出回る資金の35％を占めるとも言われる。その額と比
率は今後も上昇し続けるだろう。今後、企業は、投資家とのコミュニケー
ションにおいてはESGとパーパスがどう相互に連動し、良い影響を与え合
っているのかを示す必要がある。

　そして、エーザイの例が示すとおり、パーパスと利益は対立概念ではな
い、という前提を持つことが何よりも重要だ。逆にいうと、ESGやパーパ
スを盾に「これはコストセンターである」「必ずしも稼ぐ必要はない」という
「収益化からの逃げ」も許されなくなってくるだろう。

　アメリカではRobinhoodという、ミレニアル世代やZ世代から絶大な
支持を集める投資アプリが登場して以降、この世代の個人投資家が急増
している。2021年初頭には、行きすぎた資本主義を是正しようとする個人
投資家たちがSNSなどで結託し、ウォールストリートのヘッジファンドが空
売りしていたGameStopという企業の株を買い支え、ヘッジファンドに巨
額損失をもたらした事件が話題になったのも記憶に新しい。

今後も、新しい価値観を持つ世代の個人投資家たちは増える一方だ。これからは、若い世代の価値観と株価形成がより明確な相関を持つことも増えてくると考えられる。

　企業が決算発表で当期利益を発表し、それをもとに株価が上下するような世界はやがて終わりを迎え、新しいビジネスのパラダイムに即した新しい指標をもとに企業のパフォーマンスが測られる未来も、そう遠くはないだろう。

倫理の目で全体をレビューする

　すべてのステイクホルダーに対してどのように価値を共創できるかを考えたら、最後には、それらを全体的に捉え、検証する必要がある。
　昨今は最高倫理責任者（Chief Ethics Officer）という役職を設置するところも増えてきた。Salesforceは、文化人類学者としてキャリアを積み、社会インパクト投資企業Omidyar Networkでシニアリーダーを務めていたポーラ・ゴールドマンをテクノロジーの倫理的・人道的活用の責任者（Chief Ethical and Humane Use Officer）に任命している。
　ゴールドマンの最初の功績は、銃などの火器を一般市民向けに販売する企業にはソフトウェアを提供しないという企業ポリシーの構築だ。彼女は、常に倫理性を担保しながらプロダクト開発を行う仕組みを構築する責任も担う。特にAIのようなテクノロジーを扱うにあたり、倫理的側面のケアは非常に重要だ。
　たとえば、Amazonは履歴書を入力すれば採用すべき人材をAIが判別してくれるという採用システムの採用を検討していたが、2017年にこのプロジェクトは中止されることになった。これは、AIの学習用の元データとなる履歴書の大半を男性が占めていたため、AIが男性ばかりを高く評価したからだ。
　また、Googleフォトの画像認識アルゴリズムが黒人カップルの写真をゴ

リラと判別したことも同様に問題になった。これも、学習データに偏りがあったからだとされている。

　Salesforceでは、「consequence scanning」という仕組みを構築し、AIなどの新機能が意図せぬ結果を生んだ際は必ずそれを記録しておくよう従業員に求めている。ゴールドマンによると、最も重要なことは企業活動のさまざまな局面で「倫理のレンズ」を通して物事を見るカルチャーを根付かせることだという。

　こうした事例からわかるのは、経営陣の1人としてパーパスの実践者を置き、さらに、それを組織全体のマインドセット、オペレーションとして根付かせることの重要性だ。

　また、ここ数年で、GoogleやIKEA、ウォルマートなど業界を問わずCSO（チーフ・サステナビリティ・オフィサー）という役職を設ける企業が急増している。

　アパレル業界でもグッチやプーマ、サンローランなど一流ブランドを傘下に持つコングロマリット企業のケリングでは、マリー＝クレール・ダヴーがCSOを務めている。他にも、LVMHでは名前は違えど「環境ディレクター」なる職種を1992年から設置している。

　サステナビリティについては、独立した専属チームをつくること以上に、組織の隅々までサステナビリティの考え方を浸透させていくことこそが重要だ。

　ナイキのCSOのノエル・キンダーは工場のオペレーションや外部パートナーとのコラボレーションに目を光らせ、Gapのサステナビリティチームは、プロジェクトマネジメントやファイナンスまで、さまざまな点でサステナビリティというレンズを通して業務をレビューしている。

7章 —— パーパスをビジネスに実装する

パーパス起点の製品開発

　ここからは、パーパスをビジネスの実装にまで落とし込んだ事例を、より企業活動の根幹に関わる製品開発の領域において考察していく。

　パーパスを起点にした企業活動において、製品開発のあり方は大きく変わる。パーパスをともに実現するステイクホルダーとしてサプライヤーと協業すれば、資材調達のあり方も大きく変わる。顧客や地域コミュニティとともにエコシステムを構築するならば、バリューチェーンのあり方やR&Dのあり方も大きく変わっていくだろう。

資材データベースを世界に公開したナイキ

　社会的責任を果たす企業が製品開発において最初に直面するのは、環境負荷が少ない資材の調達だ。究極的な理想は、地域で採取した自然由来の資材を、極力移動させずにその地域で使うことだ。

　2014年の夏、バルセロナ市で開かれた世界FAB LAB会議では、世界中から集まった研究者や企業人が、この理想像にどうすれば近づけるのか、熱い議論を交わしていた。

　FAB LABとは、3Dプリンタなどのデジタル工作機を備えた工房を各地に配置し、地域で調達した資材をその地域で加工することを目指すコミュニティだ。FAB LABが理想とするのは、DIDO（Data In Data Out）の世界。つまり、物理的な資材が世界を駆け巡る現在のグローバル経済への批判として、グローバルに流通するのはデータにとどめ、物理的な資材はローカルで調達しようというものだ。

　登壇者の1人、ナイキの元チーフ・サステナブル・オフィサー、ハンナ・ジョーンズも大企業の中で持続可能な資材の調達に挑む。ジョーンズはジャーナリストとしてキャリアをスタートし、ナイキにCSRの責任者として参

画、2014年から2018年までナイキのチーフ・サステナビリティ・オフィサーを務めた。

FAB LABコミュニティが見守る中、ジョーンズはナイキにおける資材調達の挑戦について静かな熱量とともに語った。ナイキがまず具体的に取り組んだのは、徹底的な資材のライフサイクルの調査だ。ナイキは5〜6年かけて、使用する1800の資材のライフサイクルと、輸送に関わるカーボンフットプリントを調べ、データベース化した。そして、ナイキはさらに一歩踏み込んでチャレンジした。資材データベースをMakingというアプリとともに、一般に公開したのだ。

資材のライフサイクルをデータベース化したアプリMaking

資料：ナイキ提供

ナイキは、内部でこの情報を留めるよりも、より多くの企業が製品開発の際にこのアプリを使ったほうが、環境負荷が少ないものづくりの輪が広がると考えた。

もちろん、ナイキは自社製品でも持続可能な資材の活用を広げている。靴なのにニット（編み物）というコンセプトを打ち出し、2012年に開発さ

れたフライニットシリーズもその1つだ。これまでの靴づくりは、生地を裁断し、パーツを縫い合わせる方法で作られてきたためどうしても裁断の際に余りの生地が生じてしまう。そのため、ナイキは裁断ではなく、糸を編み上げるニット製法で靴のアッパーをつくる技術を開発した。その上で、プラスチックボトルを再利用した繊維素材を開発し、ニット製法の素材の糸として活用した。今では、フライニットの製品は一般のラインナップにも拡大し、ナイキを代表する製品シリーズの1つとなった。

　さらに、ナイキの持続可能な資材を用いた製品開発を象徴するモデルが2020年4月に発表された。スペースヒッピーシリーズだ。フライニットをさらに前衛的にした粗削りのニットアッパーに、異なる素材が混ざり合うカラフルなソール。機能・シンプルといったモダンデザインの対極にあるような野性的なデザインが特徴だ。アッパーはペットボトル、Tシャツ、糸くずをリサイクルした再生素材の糸で編み上げられている。
　スペースヒッピーの名前は、「宇宙ゴミ」と呼ばれる、通常なら廃棄になる素材を積極的に使っていることから来ている。外部からサステナブルな素材を調達するだけではなく、内部の製造プロセスで生じる廃棄物を製品の材料として活用する、循環型ものづくりへの挑戦が始まっている。

世界FAB LAB会議で資材調達の挑戦についてプレゼンテーションするハンナ・ジョーンズ

資料：筆者撮影

再生素材を積極的に活用した製品、スペースヒッピーシリーズ

資料：ナイキ提供

また、分解しやすい繊維など、新たな素材開発にも注目が集まっている。4章で紹介したOnというスポーツアパレルメーカーのCyclonというシューズは、Arkemaというメーカーが開発したトウゴマ由来のバイオベースのプラスチックを活用している。

　アディダスは、10年以上にも及ぶ研究を経て開発した、「フューチャークラフト.ループ」という接着剤を使わない熱可塑性ポリウレタン (TPU) だけを使用したシューズを開発している。ユーザが使用したものを回収し、洗浄後にTPUを粒状の素材に分解してからその原料を用いてさらに新しいシューズを提供するという仕組みだ。
　日本でも、石灰石から生まれた新素材であるLIMEXが、紙・プラスチックの代替素材として注目されている。

規格品の次を見据えるパタゴニア

　スタンフォード大学のお膝元、パロアルト市にあるパタゴニアのお店は、数あるショップの中でもパタゴニアの実験的な取り組みがいち早く導入される先鋭的な場所の1つだ。スタンフォード大学から続くユニバーシティアベニューを少し横に入ったところにある店舗は、リベラルで新しいものが好きなパロアルトの住民が訪れる人気スポットにもなっている。
　最近この店舗に導入されたのが、「Worn Wear（ウォーンウェア）」というパタゴニアの新しい取り組みのコーナーだ。Worn Wearとは「着古した衣類」という意味。顧客が商品を購入、使用した後のプロセスをも整備し、修理から再販まで手がけようとする野心的な取り組みだ。

パロアルトのパタゴニアの店舗に設置されたWorn Wearのコーナー

　製造し販売するというこれまでの枠組みを超えて、使用後のプロセスまでを視野に入れたサステナブルな製品を開発したいという想いが、Worn Wearには込められている。Worn Wearの仕組みは、修理、回収、再販、再生という4つの要素で構成されている。

　パタゴニアは修理に対して真剣に取り組んできたメーカーの1つだ。パタゴニアのものづくりに通底する思想は長持ちすること。そのため製品は丈夫で、かつ壊れたら修理できるように設計されている。ネバダ州リノにはアパレルメーカーとしては異例の大きさの修理専用の工場を構える。

　最近は、修理情報サイトのiFixitと組んでパタゴニア公式の修理情報も提供している。ユーザに自身で修理することを促しているのは、4章で紹介した「Right to Repair（所有するすべてのモノの内部を開いて、触り、

修理できる権利)」のコンセプトとも呼応するが、メーカーがユーザに修理の
「お願い」までするのは異例だ。

　パタゴニアは、近年店頭にボックスを設けるなど製品の回収に力を入れ
ている。さらに、程度がよい製品については対価を払っての回収も始めて
いる。回収された製品は、メンテナンスされた上で公式のECサイトで一点
もののリユースの製品として再販される。

Worn WearのECサイトで販売されるリユースの製品

資料：パタゴニア提供

　パタゴニアに新しい製品開発の風を吹き込んでいるのが、再生製品、
ReCrafted（リクラフテッド）だ。回収した製品の中には、ダメージがあり
そのまま再販できないものも多い。こうした製品を分解し、生地を部分的
に使って別の製品にするのがReCraftedのラインナップだ。ジャケットや
Tシャツ、バッグなど、どの製品も既存製品の生地がパッチワークのように
使われている。ひと目で再生製品であることがわかるアイコン性もあり、ま
た、パタゴニアらしさを残しつつも既存の製品とは異なるセカンドラインと
しての絶妙な距離感のあるデザインが印象的だ。

回収された衣類の素材を使っていることがひと目でわかるReCraftedのラインナップ

資料：パタゴニア提供

　ReCraftedは、使用後の回収までを見据えた製品のあり方について示唆にあふれている。ナイキのスペースヒッピーもパタゴニアのReCraftedも、期せずして均質性が担保されたモダンデザインから離れ、個別性のある、野性的な佇まいとなっている。

　これは、規格品を大量につくるという近代的なものづくりモデルからの積極的な脱却とも取れる。サステナビリティという課題を前に、製品開発の前提は大きく変化しつつある。

ネバダ州リノにあるパタゴニアの修理拠点

資料：パタゴニア提供

社員不在のオープンイノベーション拠点を
つくったIKEA

　コペンハーゲンの中心部、コペンハーゲン中央駅から少し南に行ったところに、以前は食肉や鮮魚の加工所が集積していたミートパッキングディストリクトと呼ばれるエリアがある。2000年代初頭にリノベーションが進み、今やコペンハーゲン市を代表するクリエイティブ産業の拠点として、デザインファームやギャラリー、レストランなどが集まる地域に生まれ変わった。

　IKEAの新しい研究開発拠点「SPACE10」がこのエリアにオープンしたのは2015年のことだ。場所は、ミートパッキングディストリクトの中心部。もともと水産加工施設だった場所をリノベーションした広さ100平方メートルほどの拠点は、ストリートに開かれた大きな開口部を持つオープンな空間となっている。

コペンハーゲン市内にあるSPACE 10の拠点

資料：Community Social Hub Made by EFFEKT Architects for SPACE10

IKEAが掲げるミッションは「より快適な毎日を、より多くの方々に（To create a better everyday life for the many people）」。SPACE10はこのミッションを実現するために設立された、リサーチとデザインのための研究開発拠点だ。

　SPACE10はIKEAが主宰する研究開発拠点であるにもかかわらず、実はここにIKEAの社員は常駐していない。その代わりに、世界のさまざまなデザイナーやアーティスト、研究者、学生とのコラボレーションを通じて、1つの企業の枠組みを超えて、未来のあるべき生活や社会の姿を探索している。

　SPACE10のファウンダーの1人であり、コミュニケーションディレクターのサイモン・キャスパーセンは、低価格な家具の製造と販売というIKEAの既存のビジネスの改善に関わるつもりはない、と言い切る。

　「人々によりよい毎日の生活を提供する」というパーパスを共有する限りにおいてあらゆる可能性を探索するのが、SPACE10の役割だ。IKEAもこうしたアウトサイドインの活動をSPACE10に期待している。

　SPACE10からは、すでにいくつかの成果が生まれつつある。

　限られたリソースを有効活用して屋内で野菜を育てるアーバンファーミングの研究成果は、IKEAの店舗に設置されたレストランに活用された。

　3Dプリンティングなどのデジタルファブリケーションの研究成果は、規格品の大量生産モデルを脱し、パーソナライズされた製品を近所の工房でつくるという未来の製品のあり方につながっている。

　2つの研究成果は統合され、アーバンファーミング用のプランターをデジタルファブリケーションによって製造するという新しいイノベーションも生まれている。また、4章で紹介したサブスクリプション型式の住居「The Urban Village Project」の構想も、SPACE10から生まれたものだ。

SPACE 10で開発されたアーバンファーミングユニット。
オープンソースで設計情報が公開されている

　イノベーションのためには、組織の構成員が外部に目を向ける遠心力が必要だ。一方で遠心力が効きすぎると、組織がバラバラになってしまう懸念もある。SPACE10の活動も、IKEAとは研究領域も物理的な距離も離れたところで行われているため、糸が切れた凧のように勝手なところに行ってしまいかねないが、パーパスを共有するところで、アウトサイドインの遠心力とパーパス起点の求心力を絶妙なバランスで保つことができている。

　SPACE10は自らを「フューチャーリビングラボ」だと語る。未来は予測するものではなく、自らの手で形づくるものだと信じている。複雑で先が見えない状況の中、パーパスの松明を手に持ちながら、パーパスに賛同する組織内外の仲間とともに好奇心をもって探索する。これからの研究開発組織にはそんな活動が期待されているのだ。

パーパス起点の事業開発

　パーパスは、製品だけではなく事業そのものの開発にも大きな影響を与える。ここではパーパスをどのように事業開発の実装にまで落とし込んでいくのか、事例とともに考察していきたい。製品開発では、素材の調達やバリューチェーン、R&Dの新しいあり方に注目した。ここからは、製品開発よりも大きい事業や企業の枠組みを中心に見ていく。

パーパス起点のユニリーバのM&A戦略

　北米を中心に店舗を展開する健康志向、ローカル志向の高いハイエンドスーパー、ホールフーズマーケット。日用品売り場に行くと、グリーンで統一されたパッケージのさまざまなカテゴリーの商品が棚一面に広がっていることに気がつく。環境適用型日用品ブランドのSeventh Generationだ。

　Seventh Generationは1980年代に始まったブランドで、その名前は、7世代先の子孫への影響を考えて今の意思決定をするというネイティブアメリカンのイロコイ族の教えに由来する。Seventh Generationは「次の7世代のために、世界を健康で持続可能かつ公平な世界に変える」ことをミッションとして掲げている。

　実はこのSeventh Generation、2017年にユニリーバが7億ドルで買収を発表し、業界に驚きを与えた。従来のユニリーバの買収戦略は、グローバルで展開する、ある程度の規模を持つ事業体が中心だったからだ。一方、Seventh Generationは、ホールフーズマーケットのような限られた小売で販売されているニッチなブランドにすぎなかった。

　Seventh Generationの買収は、ユニリーバが掲げるサステナブルリビングプランの一環として見ることができるだろう。持続可能な世界をつくるというユニリーバのパーパスとSeventh Generationが理想とする世界が一致したのだ。

Seventh Generationの買収の翌年の2018年6月、当時ユニリーバの CMOだったキース・ウィードは、カンヌライオンズの壇上で「創業者の成功法則：パーパスに基づいた成長を牽引する（Founders' Formula： Pioneering for Purposeful Growth）」というタイトルのプレゼンテーションを行った。ウィードはユニリーバの創業者ウィリアム・リーバの「清潔を当たり前のものにする（make cleanliness commonplace）」という理念を紹介し、創業者がすでに社会をより良くするという理念とビジネスを両立していたことに言及した。

　ウィードは、ユニリーバは創業者理念に基づき、パーパスによってビジネスの成長を実現していると強調した。その成長に貢献しているのが、 Seventh Generationをはじめとしたパーパス型ブランド群だ。

　ユニリーバが買収したパーパス型ブランドの数は2014年の11から2017年には26にまで拡大している。ウィードは「信頼（トラスト）がないブランドはただのプロダクト（A brand without trust is just a product）」であると述べた。

　ウィードのプレゼンテーションの後、ユニリーバ傘下となったパーパスブランドの創業者も交えた対談となった。登壇したのは、スキンケアの Dermalogica、ヘアケア・スキンケアのSundial、ジェラートのGROMの3社の創業者たちだ。いずれのブランドも、サステナブルな原料を用いて、環境への負荷が少なく、ローカルカルチャーを重視するサステナブルな経営スタイルをとっている。

　印象的だったのは、いずれのブランドの創業者からも大企業の傘下になって経営が支配された雰囲気は感じられなかったことだ。むしろ、共通のあるべき姿を共有する同志として、より良い世界の実現に取り組もうとする姿が印象に残った対談であった。

カンヌライオンズでのキース・ウィードとパーパスブランドの経営者とのセッション

資料：筆者撮影

　これらの買収の背景には、既存の大型ブランドだけでは企業としての持続的な成長が難しくなってきているという事情がある。ウィードのプレゼンテーションのタイトルにも「Purposeful Growth」とあるように、パーパスブランドが担うのは社会的責任の達成だけではなく、ユニリーバの成長そのものでもあるのだ。パーパスブランドは高単価で顧客に受け入れられ、利益率も高く、ユニリーバ全体の成長に大きな貢献を果たしている。

　ユニリーバがパーパスブランドを傘下に入れるもう1つの目的は、社会的責任を果たす新しい企業経営の方法論を、巨大企業グループであるユニリーバの中に組織的に取り込むことだ。
　ユニリーバが傘下に入れたパーパスブランドの1つにアイスクリームブランドのBen & Jerry'sがある。ユニリーバは社会的責任と成長を両立する経

営をBen & Jerry'sから学んできた。1978年創業のBen & Jerry'sは早いタイミングから社会的責任を果たす企業としての活動を展開。ユニリーバは2000年にBen & Jerry'sを傘下に入れ、共に歩むことでパーパス企業としての組織風土を吸収した。

ユニリーバは買収直後からCEOをBen & Jerry'sに送り込んだ。ユニリーバ流のマネジメントを強制するのかと思いきや、実際はまったく逆であった。ユニリーバ出身の初代CEOであるイブ・クエットはこれまでのマネジメントスタイルを変え、Ben & Jerry'sの社会活動から学びながら、より大きな収益を上げる企業に変革していった。

Ben & Jerry'sは、ユニリーバにとって社会的責任と収益を両立させる試金石となった。その後も、ユニリーバ出身者がBen & Jerry'sのCEOとなるケースが続いている。Ben & Jerry'sは、ユニリーバにとって社会的責任と収益を両立することができる次世代型リーダー育成の場となっている。

パーパス起点の経営に舵を取るにあたって、ユニリーバはこれまでのシェアと規模を追うM&A戦略から、規模は小さくとも、社会に対するインパクトと成長・高利益率を両立する戦略に転換しているのだ。

パーパスを共有するフラットなコレクティブ"kyu"

世界的なデザインファームIDEO社が、日本の博報堂DYホールディングスのグループ会社であることは、意外と知られていないのではないだろうか。それもそのはずで、博報堂DYホールディングスがIDEO社を直接的なグループ会社であるとコミュニケーションすることはほとんどない。その代わりに登場するのが、専門性と先進性を高めるために博報堂DYホールディングスが2014年に設立した戦略事業組織「kyu」だ。

kyuが掲げるコンセプトは「コレクティブ（集合体）」。実態としては個別の企業をM&Aによって連結子会社化しているのだが、事業戦略上は、個

別の企業を「傘下に置く」のではなく、専門性を持ったパートナー企業で構成されたフラットなコレクティブであると位置づける。これまでに世界の企業10社がコレクティブに参加し、連結のメンバーは2000人を超える。コレクティブのパートナーは、IDEOのようなデザインファームもあれば、SidLeeのような広告会社、SYPartnersのようなコンサルティング会社などで構成されている。中には、行動経済学に特化したコンサルティング会社であるBEworksや、イギリス政府のDX化を推進したチームが独立して起業したPublic Digitalなど、尖った専門領域を持った会社も名を連ねる。お互いに領域が重ならない、キュレーションされた専門組織で構成されているのがkyuコレクティブだ。

　kyuのパーパスは「経済と社会を前進させるクリエイティビティの源となること（kyu's purpose is to be a source of creativity which propels the economy and society forward.）」だ。

　広告やブランディングといった博報堂DYホールディングスの既存事業の枠組みを超えて、クリエイティビティの力でより広範囲にわたるインパクトを生み出すことを目指している。

　そのため、コレクティブとして複数の企業がチームを組み、より複雑で高度な社会課題に取り組む。

　たとえば、カリフォルニア州の若者のメンタルヘルスセンターallcoveは、コレクティブのメンバーであるIDEOの非営利組織IDEO.orgと、広告会社のSidLeeが協業によって体験とブランディングをデザインした。

　ケニアでHIVの検査を促進するソーシャルムーブメントづくりのデザインは、同様にIDEO.orgとデジタルマーケティングの専門企業であるKeplerの協業によって実施された。過去には、IDEOと組織トランスフォーメーションを専門とするSYPartnersが協業して、高齢化社会の問題に取り組むプロジェクトが組成されたこともある。

　高齢化という社会課題に対して、複数の企業や団体が集まり、解決策か

ら新しいビジネスを生み出す試みは、まさにパーパスを起点にしたステイク
ホルダーのエコシステムという本書で述べてきたモデルそのものだ。

　kyuは、傘下にした企業群をコレクティブというコンセプトのもとフラッ
トに位置づけ、コレクティブ内企業の協業を促進し、より大きな枠組みで
事業を創り出している。[*]

kyuは世界中に拠点を持つデザインファーム、広告会社、コンサルティング会社で構成される

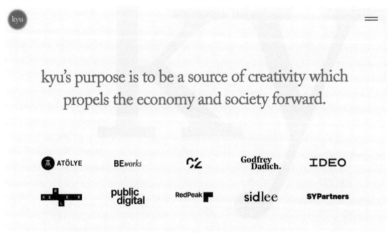

資料：kyu提供

多様なステイクホルダーを巻き込む
スタートアップたち

　スタートアップ企業の中にも、多様なステイクホルダーと事業を共創する
プレイヤーが現れている。世界でリサイクル事業を手掛けるテラサイクル社
が新規事業として始めたLoopもその1つだ。

海洋プラスチック問題のドキュメンタリーを見ると、その映像に衝撃を受ける。海面に浮かぶ無秩序なプラスチックゴミや、海岸を隙間なく埋め尽くすペットボトルの数。これらの多くは、日用品や飲料などの容器として使われていたプラスチックやペットボトルなどだ。

Loopはこうした使い捨てプラスチック問題に正面から向き合う。Loopは、再利用可能な容器をメーカーに提供し、メーカーは使い捨ての容器を使用することなく、Loopから提供された容器に製品を詰める。そして、顧客が製品を使い終わった後はLoopが容器を回収、洗浄して、メーカーに再び提供し再利用を進める仕組みだ。

再利用可能な容器を循環利用するLoopの仕組み

1 Customer orders Loop items or refills online

2 UPS delivers the Loop tote to customer's home

3 Customer uses product

4 UPS collects containers in the Loop tote from customer's doorstep

5 Packages are cleaned and refilled

資料：Loop 提供

Loopの仕組みを実現するためには、既存の業務プロセスを大きく変える必要がある。メーカーは使い捨て容器ではなく、再利用可能な容器で中身を提供する。ユーザは製品を使い終わった後、容器を回収に出す必要

がある。商品の流通を担う小売店は販売だけではなく回収も担うことになる。こうした変革を後押しするのが、使い捨てプラスチック問題を解決し、サステナブルな世界を実現するというLoopのパーパスにほかならない。

　Loopはこのパーパスをもとにメーカーの参加を促し、より幅広い製品ラインナップを拡充しようとする。メーカーの担当者はLoopのパーパスに賛同し、組織内を説得する。参加メーカーの輪が広がれば広がるほど仕組みは便利になり、経済合理性が生まれる。まさにビジネスの意義がステイクホルダーの共感を導き、事業を共創アプローチで生み出す新しいかたちだ。

　静岡県を拠点に全国展開する農業物流スタートアップ、やさいバスも同様にパーパスのもと多様なステイクホルダーと事業を共創している。やさいバスは、地域の生産者と消費者を直接つなぐ物流と、Eコマースが一体となったサービスだ。

　既存の大規模流通では、静岡で採れた野菜を静岡で消費する場合でも、東京の市場を経由するため4日ほどかかり、間に入るプレイヤーも多くなるため、農家の収益が限定されてしまっていた。やさいバスはこの問題を解決するために、バスに見立てたトラックが「バス停」と呼ばれる地域の専用スポットを巡回することで、低コストの物流を実現するサービスだ。

　農家はやさいバスのECサイトに産品をアップ。それを見た飲食店や小売などのユーザはECを通じて注文し、受注に応じて農家は収穫して決められた時間に「バス停」に商品を置く。そして、「バス停」を巡回するトラックがそれらをピックアップする。

　創業時、やさいバスの加藤社長は、既存の生鮮物流の課題を共有し、議論する協議会を作るところから事業を始めた。やさいバスのビジネスモデルはこの議論の中で生まれている。その後、静岡から長野、茨城へとエリア展開する際も、同じく地域のステイクホルダーを集め、課題を議論する

ことから始めた。

　やさいバスは、基本のビジネスモデルとシステムは共通のものを用いつつ
も、地域によってステイクホルダーは異なる。ある地域では行政と流通企
業が協業したり、別の地域では卸売事業者とデパートが協業したりしてい
る。パーパスを起点に地域ごとのステイクホルダーを結束させる、新しいタ
イプのスタートアップだと言えるだろう。

地域の多様なステイクホルダーとの共創で事業展開するやさいバス

資料：やさいバス提供

※博報堂とkyuはともに博報堂DYホールディングスグループである。ただし、著者の記述は公開情報に基づいた
　個人の見解であり、kyuの意見を代表するものではないことを付記しておく

8章 ——「意義化」する経済の、その先

ショートタームからロングタームへ

7世代後の世界を想像できる組織に
なれるだろうか？

　7世代先の子孫への影響を考えて今の意思決定をする——。サステナブルブランド、Seventh Generationの名称の元となったというネイティブアメリカンのイロコイ族の教えだ。1世代30年だとすると、210年先の世界を想像することになる。今、どれほどの企業がこのような長期的視座を持っているだろうか。

　気候変動問題に代表されるように、人類は長期的な変化のうねりの中にいる。今ここで取った意思決定の結果は、すぐに結果となって表れるのではなく、世代を超えて影響を与え続ける。まさにSeventh Generation的視座が求められるようになっていると言える。

　気候変動のような長期的視座の課題は、社会に長期的なマイルストーンを提示するようになった。2020年10月、日本では2050年をマイルストーンにカーボンニュートラルにすると首相が宣言した。ヨーロッパ諸国も2050年のカーボンニュートラル化を目標として置いている他、中国は2060年のマイルストーンを提示している。いずれも、今から30〜40年先のことだ。こうした宣言は、社会に対して時間のものさしを提示する。30年、50年、100年といった長期的な時間のものさしが社会に定着しつつある。

図8-1　世界の気候変動の予測値（1850〜1900年の平均値との差分）

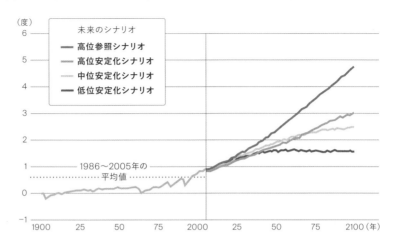

出所：The Economist「How modelling articulates the science of climate change」より一部抜粋・編集

未来からの逆算を超えて

　視座の長期化は、企業や組織に対してどんな行動原理をもたらすだろう
か。未来志向で組織の行動原理を考える手法としては、バックキャスティン
グが知られている。現状の延長線上で未来を考えるのではなく、あり得る
未来を想定し、それを起点に現在行うべきことを逆算して検討する方法論
だ。現状できることを延長して未来に到達しようとするフォーキャスティング
との対比で用いられることが多い。

　ニューヨークのThe New School for Social Researchで教鞭を執る
アンソニー・ダンとフィオナ・レイビーはさらに進んで、バックキャスティン
グの限界を超える「スペキュラティブデザイン」という概念を提唱している。
スペキュラティブ／スペキュレーションとは「見る」を語源に持ち、「推察」や
「思索」を意味する。スペキュラティブデザインは以前はクリティカルデザイ

ンと呼ばれていた。ダンとレイビーは、単に未来を予測するのではなく、視座を広げてありうる未来を批判的に探索する重要性を説く[25]。

図8-2　未来学者スチュアート・キャンディによる潜在的未来（PPPP）

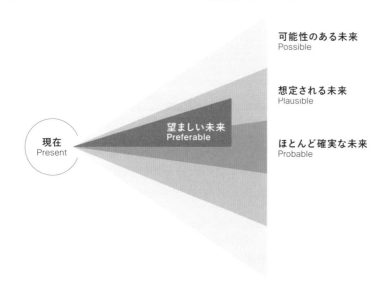

可能性のある未来
Possible

想定される未来
Plausible

望ましい未来
Preferable

ほとんど確実な未来
Probable

現在
Present

出所：Dunne, A., & Raby, F. (2013). Speculative everything: design, fiction, and social dreaming. MIT press.

　バックキャスティングは未来を想定し逆算する方法だが、想定可能な未来から逆算される現在の行動は、地に足のついたものに収斂_{しゅうれん}しがちだ。一方、スペキュレーションはバックキャスティングのように単に未来を想定するのではなく、批判的に検討する。

　批判的に未来を捉えるには新しい問いが必要となる。新たな問いは、フォーキャスティングやバックキャスティングでは到達できない価値転換的な視座を現在にもたらすのだ。

　すべてのクルマが電気自動車になったら世界はどのようになるか。原料がすべて循環型のリサイクルマテリアルになった世界における製品開発と

はどのようなものか。少し前であれば誰も疑わなかったこれまでの固定観念を批判的に捉える新たな問いを、世界はすでに求め始めている。

　企業においてこうした「問い」はイノベーションの源泉となる。パンデミックにおいてビル・ゲイツが迅速に行動しワクチン開発のイノベーションに貢献できたのは、彼が数年前からパンデミックの可能性を兆しとして捉え、批判的に未来を想定していたからだ。組織においても、スペキュレーションによって未来に対する批判的で大胆な仮説を持ち、そこに挑む事業を育んでおくことが重要になるだろう。

図8-3　未来志向の３つの方法論

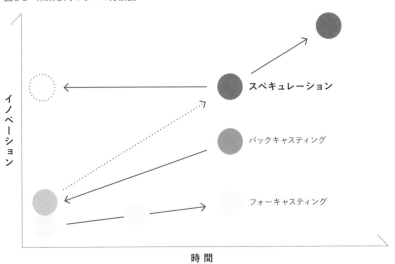

出所：筆者作成

215

意義が競争力の源泉となる

　ESG投資の加速も企業に大きな影響を与えるだろう。投資にESGの視点を組み入れることを原則として掲げる国連の責任投資原則（PRI）に署名する機関投資家の数は年々増加し、2020年には3000を超すに至った[26]。GSIA（世界持続可能投資連合）が2018年に発表したレポートによると、世界のESG投資の総額は約30兆ドルに達している[27]。

　ESG投資時代において資本市場から資金を調達するために、企業はビジネスモデルとともに社会的意義と長期的な持続可能性を同時に提示する必要に迫られている。

図8-4　PRIに署名する投資会社と運用資産の推移

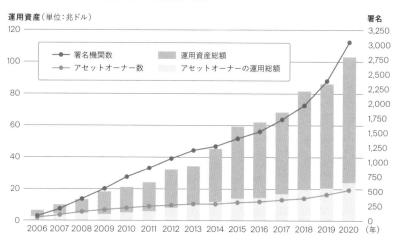

出所：Principles for Responsible Investment (PRI)の「パンフレット2020」より作成

　社会的意義は人材の確保にも直結する。3章で見たように、若い世代は金銭的な報酬とともに、仕事の社会的意義を重視する。社会的な存在意義を示せない企業は、優秀な人材の確保が難しくなるだろう。

　これまではビジネスモデルと事業計画が、資金や人材などの事業リソー

スを集めるために重要な要素だった。しかし、意義化する経済の先にある世界は、これらの要素よりも社会的意義と長期的な持続可能性が優先する。投資家への経営説明会やベンチャーキャピタルへのピッチの資料には、社会的意義と長期視座への言及が不可欠な要素となっていくだろう。企業の採用コミュニケーションにおいても、これらの要素が必要となる。

　「未来予測」の言葉に代表されるように、我々はずっと未来はすでに決まった形でこの先にあるものという運命論的な見方をしてきた。しかし、スペキュレーションの方法論が示唆するのは、今ある世界を批判的に捉え、あるべき未来を探索することの有効性だ。まさに、パーソナルコンピュータの原型であるダイナブックの提唱者としても知られるアラン・ケイの「未来を予測する最善の方法は、それを発明することだ（The best way to predict the future is to invent it.）」の言葉のとおり、未来は我々の力で構想し、切り拓いていくものだ。

　未来を構想するためには、入念に磨き上げられた意義の力が必要になる。何のためにその組織は存在するのか、という深い問いから構想される未来には、資金や人といった事業リソースを集める力がある。ビジネスモデルだけでなく「意義」が、組織の持続的な競争力の源泉となる時代が訪れようとしている。

プライベートからパブリックへ

パブリック化する個人と企業

　本書で描いた、多様なステイクホルダーとの「大きな船」を構想するパーパス起点の世界の先にあるのは、公共＝パブリックの再定義だ。
　これまでは、パブリックは行政などの公的機関が担い、企業はプライ

ベートな領域を担っていた。しかし、企業が社会的責任を果たす意義化する経済の先には、企業もパブリックな領域を担い、企業と行政の役割が融解する世界が待っている。

気候変動や貧困・格差、リサイクルなどの社会課題に向き合う企業は、これまで行政だけではなし得なかったインパクトとスピードで、パブリック領域で変化を起こそうとしている。

シリコンバレーでは、有力企業がリードしてベーシックインカム導入のための議論や実験が行われている。アメリカを中心に、著名な起業家が巨額の個人資産の一部を社会課題の解決のために寄付することも顕著になった。パンデミック危機においてビル・ゲイツがソートリーダーとして世界から注目を集めたことも記憶に新しい。これらは、これまで行政が担っていたパブリックの領域に、企業や個人が関わり始めている兆しと言える。

企業の事業領域そのものも公共性を帯びたものが増えている。都市や交通といったこれまで行政の所管と認識されていた領域が、スマートシティやモビリティサービスという名で企業の事業領域となりつつある。2021年2月にはトヨタ自動車が静岡県の工場跡地に建設する未来の実証都市「ウーブン・シティ」が着工。将来的には2000人が居住する街をつくる計画だ。

パブリックとプライベートが融解する未来は、すぐそこに迫っている。社会的責任を果たすことと、経済合理性をいかに高度に統合できるか。企業はこの新しい問いに挑むことを求められている。

将来的に2000人の居住が見込まれるウーブン・シティのイメージ

資料：ウーブン・シティ提供

環境に動的に対応する新しいパブリックのかたち

　パブリックとプライベートの融解は、公共政策学の領域でも議論されるようになってきている。公共政策学自体が、従来の行政学、経済学、政治学などを融合するものだが、さらに民間との融合が議論の対象となっていることが興味深い。

　デンマークから、世界をリードして公共政策領域にデザインの方法論を持ち込んだクリスチャン・ベイソンは、著書『Leading Public Design』の中で「ネットワークガバナンス（NG）」という概念を紹介している[28]。

　過去、公共政策の分野では、伝統的な行政組織（Traditional Public Adminstration ＝ TPA）の次のあり方として、行政機能の民間への委託が議論されてきた。これをニューパブリックマネジメント（NPM）という。国が担っていた鉄道事業や通信事業の民営化がわかりやすい事例だ。

　ネットワークガバナンスは、行政が一元的に公共を担うTPAでも、民間に一方的に委託するNPMでもない、ネットワーク型のパブリックの新しいあり方だ。

図8-5 伝統的な行政組織からネットワークガバナンスへの変遷

	TPA	NPM	NG
状況	安定的	競争的	継続的変化
市民のありよう	画一的	核化	ダイバース
ニーズ・課題	直裁的・プロ化された課題	ウォンツ・市場を通して表現	複雑・変わりやすい・リスク
戦略	国や供給者中心	市場・消費者中心	市民社会による形成
アクターたち	ヒエラルキー・パブリックサーバント	マーケット・購入者と供給者・クライアントとコントラクター	ネットワークとパートナーシップ、シビックリーダーシップ
キーコンセプト	パブリックグッズ	パブリックチョイス	パブリックバリュー

出所：Bason, C. (2017). Leading public design: How managers engage with design to transform public governance. Frederiksberg: Copenhagen Business School (CBS).
若林恵 (2019)『次世代ガバメント　小さくて大きい政府のつくり方』日本経済新聞出版社より一部編集

　ネットワークには、行政に加えて、非営利組織や企業、市民などの多様なステイクホルダーが参加する。ネットワークのメンバーが相互に作用することで政策や活動が生まれるというネットワークガバナンスの考え方は、本書でこれまで紹介してきた多様なステイクホルダーによるエコシステム構築のモデルと多くの共通点を持つ。

　これまでの中央集権的な政府において求められてきたのは、政策をいかに大規模に効率的に伝達できるかだった。ネットワークガバナンスは、行政だけではなく、民間企業や市民団体などの多様なステイクホルダーが公的な活動を行うモデルだ。このモデルでは、さまざまなステイクホルダーが主体的に、地域の個別の課題に合わせて柔軟に公的活動を提供することができる。パブリックとプライベートが融解する世界だからこそ実現する、新しい公共のあり方と言えるだろう。

図8-6　これまでの官僚制による政府と次世代ガバナンスの違い

これまでの政府（官僚制）	次世代ガバナンス
効率性	適応性
予測可能性	臨機応変さ
静的	動的
大量供給	個別供給

出所：Bason, C. (2017). Leading public design: How managers engage with design to transform public governance. Frederiksberg: Copenhagen Business School (CBS). 若林恵（2019）『次世代ガバメント　小さくて大きい政府のつくり方』日本経済新聞出版社より一部編集

パブリックに関われない企業の機会損失は大きくなる

　ネットワークガバナンスのコンセプトにおいて、ベイソンはパブリックバリューという考え方に注目している。

　TPAでは画一的な公共財（Public Goods）をいかに効率的に伝達するかが課題だった。NPMになり、公共が民営化され、市民は選択肢（Public Choice）を手に入れた。ネットワークガバナンスの世界においては、何を届けるかだけではなく、その結果どのような公共的な価値（Public Value）が生まれるかが課題となる。

　5章では、企業経営の中心に北極星としてパーパスが置かれることを紹介したが、ネットワークガバナンスの世界では、パブリックバリューへの貢献と公共善の実現こそが北極星となる。中央集権的なトップダウンでパブリックが形成されたこれまでの世界から、行政、企業、市民に分散した活動がパブリックバリューを北極星に統合していく新しいあり方へ。

パーパスを起点にし、社会的な責任を果たす企業は、このネットワークの一員として重要な役割を果たしていくだろう。

ベイソンはデンマーク政府にマインドラボというシンクタンクを設立し、多様なステイクホルダーの間に立つファシリテーターとして活躍した。ネットワークガバナンスの世界において、企業も同様に、多様なステイクホルダーを取りまとめるファシリテーターとしての役割が期待される。

「パブリック＝低収益」が、これまでの民間企業の捉え方だったかもしれない。しかし、意義化する経済のその先の時代においては、多様なステイクホルダーが形成するパブリックなエコシステムに入れないことこそが機会損失となる。そして、パブリックとプライベートの垣根がもはや無意味になっていく世界においては、企業が上げた収益は株主だけではなく、従業員やコミュニティをはじめとした、エコシステムを構成する多様なステイクホルダーに還元され、持続可能性への資源となっていく。

図8-7　新しいパブリックのあり方

出所：筆者作成

「オーガニゼーション・マン」から
クリエイター・エコノミーへ

　1956年、社会学者のウィリアム・ホワイトが、当時のアメリカの労働に関して深い洞察を示した"The Organization Man"（邦題『組織のなかの人間』）を出版した[29]。

　1950年代当時、企業を見渡せば、そのほとんどが男性で、彼らは、企業のために個人的な目標やミッションを完全に押し殺して働いていた。そしてその代償として高い年金、安定した収入と社会の居場所を享受していたのだ。ホワイトは、高度に組織化された社会や企業でうまく働くことができる人たちが当時の社会の主流を占めることを見抜き、そうした人たちを「オーガニゼーション・マン」と名付けた。

　それから約半世紀後の2002年、ダニエル・ピンクが『フリーエージェント社会の到来』において、今後は「オーガニゼーション・マン」の時代は終わり、大企業に属さず、インターネットを使って、自分の知恵を頼りにビジネスを築き上げる人が増えるだろう、と鮮やかに予測した。

　それから約20年経ち、ダニエル・ピンクが予測するような社会の兆しが萌芽しているが、まだまだ大企業には「オーガニゼーション・マン」が跋扈している状況ではないだろうか。そうした企業では、新入社員を迎え入れる際には、その個性を尊重するというよりも、個性を殺し、組織のやり方を教えこもうとするだろう。若い人が持つ発想や瑞々しい目標を、世間知らず、青臭いなどと一蹴するようなことも多いだろう。また、中堅の社員や要職にある人にとっても、企業の論理を個人の意思に優先させることは当たり前だ。

　しかし、こうしたスタイルはこれからの労働観や労働倫理と乖離する一方だ。

「自分で自分をコントロールできる」を重んじる若者たち

ポスト・ミレニアル世代は、組織への帰属意識も高くないとされる。

2019年のデロイトのミレニアル年次調査[30]では「今の仕事を2年以内に離職する」と考える割合がミレニアル世代では49%、Z世代では61%だった。その比率は、驚くほど高い（2020年の調査[31]では、一時的に職の安定性への意識が高まり、それぞれ31%、50%と急減している）。また、こうした世代は、形やブランドより本質をより求める傾向にあり、多くの情報を手にしながらフラットな目で真贋を判断することにも長けているため、「会社や上司の命令には無批判にしたがうべき」といった意見には抵抗する傾向がある。さらに、プライベートと仕事をあまり分けて考えない。

図8-8　今の雇用先を辞める／続けると考える割合

	ミレニアル世代		Z世代	
	日本	世界	日本	世界
2年以内に離職する	49%	49%	64%	61%
5年以上勤続する	25%	28%	10%	19%

出所：2019年 デロイト ミレニアル世代の意識調査（日本版）より

2019年にアメリカで実施された自営業についてのリサーチでは、こうした人たちの最も重要なモチベーションはお金ではない、と示されている。それは、自分で自分をコントロールできるという感覚、能力の向上、そしてキャリアのコントロールだ。

安定より楽しさや自由、お金よりやりがいが重視されるようになると言われて久しいが、もしこうした価値観が組織の中に見られないようなら、いよいよそうした人の割合を積極的に増やしていく必要があるだろう。

解放された個人に企業が選ばれる時代へ

　ここ10年ほど、UberやAirbnbなどを通じてお金を稼ぐギグ・エコノミーがかなり存在感を増してきたが、これは個人の観点から見れば単なる副業の1つであり、かつ、個々の仕事では単なる歯車としての活動を求められ、個性や創造性はあまり必要とされない。その意味で、オーガニゼーション・マンの亜種にすぎないとみることもできる。

　これからは、個人を「プラットフォーム」と見立て、そのうちの何割かを所属先の企業での仕事に充て、残りの何割かを自分の創造性を活かした仕事や他の会社での副業などに充てるなど、複数の仕事に並行して取り組むことがより一般化してくるだろう。こうした「クリエイター・エコノミー」と言われるような個人の活動の収益化や、またその活動自体をサポートするプラットフォームも増えてきている。

　YouTubeやPodcast、有料ニュースレターなどは一部のインフルエンサーだけのものではなくなり、今では多くの人が十分な収益を得られるようになった。ニュースレタープラットフォームのSubstackでは、大学教授の歴史学者が発行するニュースレターが大人気となり、年間1億円相当の収益を得ている。伝統的なメディアの記者が独立し、自らのニュースレターを立ち上げ、会社の制約の中ではできなかった個人の意見の発信や、ニッチなテーマの探索などで人気を博しているものなども多数あり、これらの例はもはや珍しいものではない。

　クリエイター・エコノミーを実現する環境が整うにつれ、個人は「オーガニゼーション・マン」として組織への忠誠を高め、組織に最適化したスキルを身につけていくよりも、むしろ自身のリソースの投入先を適宜チューニングしていくことになる。創造性ある個人が大きなオーディエンスを得て、自分が意義があると思う活動を個人として行い、支持を集めながら収益を得ていくことが、今後ますます一般化してくる。

筆者（佐々木）自身も、会社に属しながらも、Lobsterrというニュースレターメディアを運営する会社を立ち上げたり、また、スタートアップの社外取締役も務めたりと、複数の役割を同時に務めている。個人的には「じぶん株式会社」というものがあり、現在の主力事業として、現在所属している企業があり、新規事業としてメディア運営や社外取締役が存在するイメージだ。もちろん、今の主力事業は将来も主力事業であり続けるかはわからず、新規事業も将来跳ねるかもしれないし、失敗に終わるかもしれない。しかし、いずれにしても、あたかも企業が、単一事業に依拠するのではなく、時代背景やケイパビリティにあわせて柔軟に事業を入れ替えていくかのように、自分の中で時間配分をチューニングしていく働き方だ。

　この状況とダニエル・ピンクの「フリーエージェント社会」との差分で言えば、当時は硬直的な企業や働き方から個人が自由になる、という捉え方であったが、現在起きているのは、いくつかの先端的な企業が、そうした個人を迎え入れるための仕組みを具体的に実装し始めた点だろう。
　日本でも、ヤフーが2020年10月、副業人材100名強を受け入れる「ギグパートナー」制度を開始した。ある上場企業の取締役もこの制度でヤフーで働いているそうだ。ヤフーの「ギグパートナー」の例は、組織の枠に囚われず活躍する個人を包摂する制度が、大企業でも十分に可能なことを示している。今後は、こうした働き方をする人は決してニッチとは言えなくなるだろう。

　これまで示したとおり、これからの世代が重視するのは報酬ではなくやりがいや意義である。
　オーガニゼーション・マンの時代から60年以上を経て、組織と個人のパワーバランスは、個人側に大きくシフトしてきている。個人が力を持つこれからの時代において、企業は、そうした個人をどう包摂できるかが競争力確保に直結する時代になっていくはずだ。

おわりに

　身を粉にして働き身体を壊す、サプライヤーに無理を強いる、環境度外視で作られた製品を取引する。

　どれも、自分がこれまでビジネスパーソンとして行ってきたことだ。ビジネスの世界では、利益や売上が行動やコミュニケーションを支配するのが当然だと思っていた時期が自分にもあったことは、認めなくてはならない。

　2019年から、カルチャーやビジネスの変化の種を世界中のメディアから収集して毎週発信する「Lobsterr」というニュースレターサービスを運営している。そのサービスを始めてしばらく経った頃から、世界中のメディアに目を通す中でいくつか心にひっかかる記事を読んだ。

　リーバイスが銃規制の寄付のための基金を設立する、SalesforceのCEOが行き過ぎた資本主義に警鐘を鳴らす、マイクロソフトがCO_2排出削減のためにアクションをとる、ファッション業界がこぞってサステナビリティに取り組む……。ともすれば既存の顧客を失い、利益にもつながらないような活動を企業が大々的に行うようになる事例が目立つようになってきた。

　さらにこうした動きを消費者がサポートしている点にも驚かされた。

　若い消費者はものを廃棄することに罪悪感を感じ始め、中古品を使うことに心理的抵抗を無くしている。

　BLM（Black Lives Matter）のムーブメントが起きたときは、声を上げないブランドや企業を、消費者が糾弾する事態にまで発展した。

　社会課題の解決を利益に優先させる企業。スタンスを取り、正義のために声を上げる企業を支持する消費者。そこにはヒューマニティや優しさにあふれるビジネスを見ることができた。

　こうした動きは一過性のものなのか、あるいは点での動きにすぎないのだろうか、とも思ったがそうではなかった。世界のメディア記事をクロールすれば、それは面的で、かつ不可逆な動きであることは明白だった。

利益最大化の名のもとに地球環境に負担を寄せる、従業員のウェルビーイングを犠牲にする、サプライチェーンに負荷をかける。かつて自分が感じた居心地の悪さや違和感の原因になっていたこうした行為は今後減っていくことになるだろう。これからの強い会社、支持される会社、愛される会社のありようは劇的に変わっていくはずだ。

　共著者の岩嵜博論さんは、私が通っていたアメリカ・シカゴのデザインスクール、イリノイ工科大学 Institute of Design の先輩だ。「市場」と「人間の生活」の両方を考慮に入れビジネスを設計する、まだ日本では数少ないビジネスデザイナーとして、一方的に私がロールモデルとしている。
　岩嵜さんと2人で意見交換をする中で、「ビジネスの目的そのものが変化し、ヒューマニティや倫理、正義が重要なパーツとなっている」という大きな地殻変動を察知するようになった。
　消費者、テクノロジー、社会環境、地球環境など多様な変化の結節点としてのこの地殻変動は不可逆的だ、という思いを強くしたところで、前著『D2C』の編集を担当して頂いた井上慎平さんに、この壮大だがまだ未知で粗い茫漠としたテーマを書籍としてまとめられないか、とお声がけした。

　井上さんにもすぐに賛同を頂き、それ以降は、岩嵜さん以外は共著を担当した経験があるメンバーがいない中、手探りでこの大きなテーマに取り組むことになった。グローバル視点でかつ大企業からスタートアップまでバランスよい知見をお持ちの地に足がついた岩嵜さんのアプローチと、編集者として読者の読みやすさと書籍としての先進性の絶妙なバランスを見つける井上さんのスタイルがきれいに融合し、こうして完成にまでこぎつけることができた。
　この本の読者の方が、自分が所属する、あるいは関係する企業が、パーパスを持った企業になるその変化の担い手となることを願ってやまない。

著者を代表して　佐々木康裕

参考文献

1　BlackRock"Larry Fink's 2021 letter to CEOs" https://www.blackrock.com/corporate/investor-relations/larry-fink-ceo-letter

2　CNBC "Facebook has struggled to hire talent since the Cambridge Analytica scandal, according to recruiters who worked there" https://www.cnbc.com/2019/05/16/facebook-has-struggled-to-recruit-since-cambridge-analytica-scandal.html

3　マーク・ベニオフ、モニカ・ラングレー著、渡部典子訳『トレイルブレイザー　企業が本気で社会を変える 10 の思考』東洋経済新報社、2020 年

4　LARRY FINK'S 2018 LETTER TO CEOS - A Sense of Purpose https://www.blackrock.com/corporate/investor-relations/2018-larry-fink-ceo-letter

5　Business Roundtable - Statement on the Purpose of a Corporation https://opportunity.businessroundtable.org/ourcommitment/

6　Porter, M. E., & Kramer, M. R. (2006). The link between competitive advantage and corporate social responsibility. Harvard business review, 84(12), 78-92.

7　マイケル E. ポーター、マーク R. クラマー「共通価値の戦略 経済的価値と社会的価値を同時実現する」『DIAMOND ハーバード・ビジネス・レビュー 2011 年 6 月号』ダイヤモンド社、2011 年

8　サイモン・シネック「TED Talk　優れたリーダーはどうやって行動を促すか」https://www.ted.com/talks/simon_sinek_how_great_leaders_inspire_action?language=ja

9　サイモン・シネック著、栗木さつき訳『WHY から始めよ！インスパイア型リーダーはここが違う』日本経済新聞出版、2012 年

10　Wu, A., Huang, L. (2017). Cotopaxi: Managing Growth for Good. HBS Case Study. https://store.hbr.org/product/cotopaxi-managing-growth-for-good/717488

11　吉田 憲一郎「ソニーは、誰のために、何のために存在するのか［インタビュー］カリスマ型からパーパス型のリーダーシップへ」『DIAMOND ハーバード・ビジネス・レビュー 2020 年 7 月号』ダイヤモンド社、2020 年

12　Malnight, T. W., Buche, I., & Dhanaraj, C. (2019) "Put Purpose at the Core of Your Strategy -It's how successful companies redefine their businesses." Harvard business review, 97(9/10), 70-79.

13　Harvard Business Review Webinar "Put Purpose at the Core of Your Strategy" https://hbr.org/webinar/2020/01/put-purpose-at-the-core-of-your-strategy

14　The New York Times"'Techlash' Hits College Campuses" https://www.nytimes.com/2020/01/11/style/college-tech-recruiting.html

15　Yahoo! 個人「なぜ日本人は気候変動問題に無関心なのか？」https://news.yahoo.co.jp/byline/emoriseita/20200817-00193635/

16　REFINERY29"For Gen Z, Thrifting Isn't Just A Way To Shop, It's A Lifestyle" https://www.refinery29.com/en-us/2020/10/10014753/thrifting-gen-z-thrift-shopping-trend

17　The New York Times"Marc Benioff: We Need a New Capitalism" https://www.nytimes.com/2019/10/14/opinion/benioff-salesforce-capitalism.html

18　The New York Times"A Friedman doctrine‐‐ The Social Responsibility Of Business Is to Increase Its Profits" https://www.nytimes.com/1970/09/13/archives/a-friedman-doctrine-the-social-responsibility-of-business-is-to.html

19　WIRED「実装はプロダクト至上主義から世界観至上主義へ ―― The Art of Deployment」https://wired.jp/special/2019/the-art-of-deployment/

20　ハワード・シュルツ、ジョアンヌ・ゴードン著、月沢 李歌子訳『スターバックス再生物語　つながりを

育む経営』徳間書店、2011 年

21 マーク・ベニオフ、モニカ・ラングレー著、渡部典子訳『トレイルブレイザー 企業が本気で社会を変える 10 の思考』東洋経済新報社、2020 年

22 テンニエス著、杉之原寿一訳『ゲマインシャフトとゲゼルシャフト―純粋社会学の基本概念〈上／下〉』岩波書店、1957 年

23 ジル・ドゥルーズ、フェリックス・ガタリ著、宇野邦一、田中敏彦、小沢秋広ほか訳『千のプラトー――資本主義と分裂症』河出書房新社、1994 年

24 アビーム・コンサルティング「デジタル×ESG 非財務情報を顕在化し企業価値の向上を」
https://www.abeam.com/jp/ja/topics/insights/interviews2020_cover_story01

25 アンソニー・ダン、フィオナ・レイビー著、千葉敏生訳『スペキュラティヴ・デザイン 問題解決から、問題提起へ。―未来を思索するためにデザインができること』ビー・エヌ・エヌ新社、2015 年

26 PRI growth 2006-2020 https://www.unpri.org/pri/about-the-pri

27 The Global Sustainable Investment Review 2018 http://www.gsi-alliance.org/trends-report-2018/

28 Bason, C. (2017). Leading public design: How managers engage with design to transform public governance. Frederiksberg: Copenhagen Business School (CBS).

29 Whyte, William H. (1956). The Organization Man. Simon & Schuster.

30 デロイトトーマツ「2019 年 デロイト ミレニアル世代の意識調査（日本版）」https://www2.deloitte.com/jp/ja/pages/about-deloitte/articles/news-releases/nr20190528.html

31 デロイトトーマツ「コロナ時代にキャリアへの不安を強める日本のミレニアル・Z 世代」https://www2.deloitte.com/jp/ja/pages/about-deloitte/articles/about-deloitte-japan/millennial-survey.html

パーパス 「意義化」する経済とその先

2021年 8 月26日　第1刷発行
2022年 5 月27日　第4刷発行

著者―――岩嵜博論・佐々木康裕
発行者―――金泉俊輔
発行所―――株式会社ニューズピックス
　　　　　〒100-0005 東京都千代田区丸の内二丁目5番2号 三菱ビル
　　　　　電話 03-4356-8988　※電話でのご注文はお受けしておりません。
　　　　　FAX 03-6362-0600　　左記のサイトよりお願いいたします。
　　　　　https://publishing.newspicks.com/
印刷・製本―シナノ書籍印刷株式会社

著者プロフィール

岩嵜博論（いわさき・ひろのり）

武蔵野美術大学クリエイティブイノベーション学科教授/ビジネスデ
ザイナー。リベラルアーツと建築・都市デザインを学んだ後、博報堂
においてマーケティング、ブランディング、イノベーション、事業開発、
投資などに従事。2021年より現職。ストラテジックデザイン、ビジネ
スデザインを専門として研究・教育活動に従事しながら、ビジネス
デザイナーとしての実務を行っている。著書に『機会発見─生活
者起点で市場をつくる』(英治出版)など。博士(経営科学)。

佐々木康裕（ささき・やすひろ）

Takramディレクター/ビジネスデザイナー。デザイン思考や認知心理
学、システム思考を組み合わせた領域横断的なアプローチでエクス
ペリエンス起点のクリエイティブ戦略、事業コンセプト立案を展開。
ベンチャーキャピタルMiraiseの投資家メンター、グロービス経営大
学院の客員講師(デザイン経営)も務める。2019年3月、スローメディ
ア「Lobsterr」をローンチ。著者に『D2C 「世界観」と「テクノロ
ジー」で勝つブランド戦略』(NewsPicksパブリッシング)など。

装幀・本文デザイン──市東基 (Sitoh inc.)
本文DTP────────朝日メディアインターナショナル
校正──────────鴎来堂
営業──────────岡元小夜・鈴木ちほ・多田友希
事務──────────中野薫・小森谷聖子・高橋慧
編集──────────井上慎平